# 咱的臺灣史

## 詩文中康熙時的島嶼群像

蘇淑芬 著

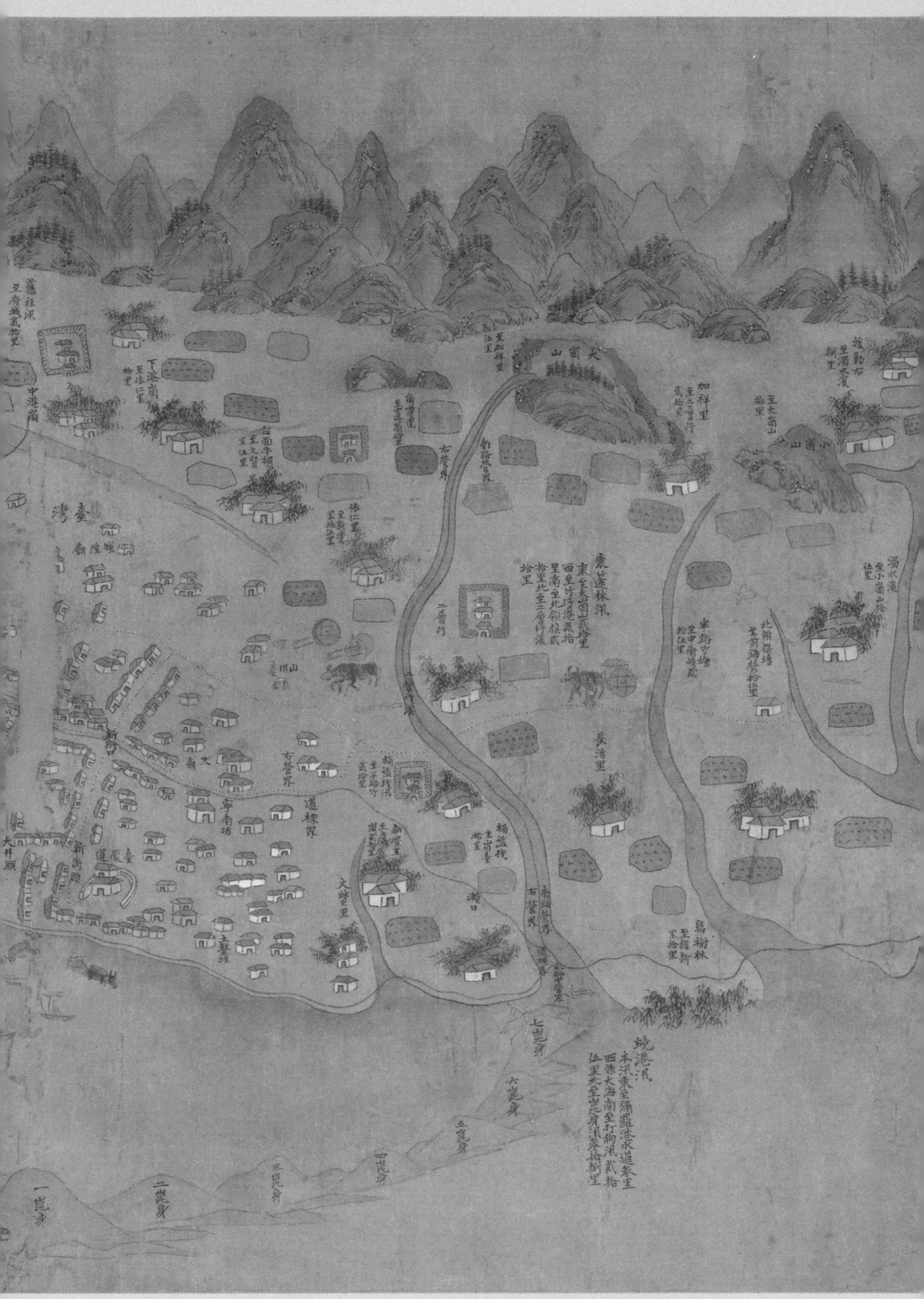


《康熙臺灣輿圖》（局部）〔國立臺灣博物館（國家重要古物）〕

臺灣縣
右營盤
中營盤
鯽魚潭
海會寺
武定里
北路營界
北線尾
網寮

《康熙臺灣輿圖》（局部）〔國立臺灣博物館（國家重要古物）〕

臺南永福國小後澄臺斐亭遺址碑

綠珊瑚

斐亭

澄臺

推薦文

# 以史筆和詩心寫民間春秋

黃雅莉　清華大學華文文學所教授

臺灣著名詞學專家蘇淑芬教授退休後仍筆耕不輟，完成一部微型縮編的臺灣斷代史——《咱的臺灣史：詩文中康熙時的島嶼群像》，講述在時代狂飆急馳中來不及被我們所知悉臺灣的過去，那些黔黎的群像、庶民的故事。

清領時代的臺灣史和文學作品，一直沒有受到太多關注，即使是專攻臺灣古典文學的學者，也極少垂青這段歷史，因此相關論述成果較少，特別是全面探討清初臺灣書寫的詩文著作更屬缺乏，此書的出版極佳地填補這一缺憾。然而本書沒有用考證理論分析的論文型態令讀者望而卻步，反而擺脫學術的嚴肅冷硬性，彎下腰來面對土地和人群，以大眾化視角和說書人姿態呈現清領初期的臺灣史。用質樸淺近的文字、深入淺出的言說，化繁為簡，馭難於易，選擇具有代表性的事件，透過對人事的介紹、對詩文的詮釋，精簡描繪時代圖景與群像塑造，成就一本亦述亦抒、以事綴史的個性化書寫。

## 一幅記錄清領初期的歷史畫卷：仕臺官員的圖譜錄與政績圖

本書可謂一幅記錄清領初期的歷史畫卷，淑芬教授廣泛查閱《全臺詩》和許多有關清領時期留下的臺灣文獻資料，前半部（一至四章）建構清代仕臺官員的圖譜錄與政績圖，主要介紹清初巡臺御史、福建軍政長官等仕臺人物的事蹟和詩文圖作。事件眾多、人物龐雜，沒有一定的組織力很難捕捉到寄寓在詩文、言行中的海量資訊。但淑芬教授卻能透過時間和空間的經緯組構，使之具有按部就班、依次遞進的秩序感和發展性。

清聖祖定臺後，前後派了多位官員赴臺任職，參與臺灣治理，並留下許多吟詠臺灣的詩文，記述了當時臺灣的風土人情、社會狀況、清政府治臺方略及成效。從中可見康熙定臺的歷史經驗和官員文人來臺的心態，對來臺官員們書寫的詩文和資料進行用心梳理和闡析，刻劃眾多的官員群像與心態，不但可以提供理解清初治臺政策的緣起及發展演變的進程，並從中理解當時多方面的臺灣社會面貌。

## 一部臺灣人的生存圖像：記憶再現與群像塑造

宋代張擇端的〈清明上河圖〉是一幅以現實主義創作的長卷風俗畫，透過對宋都汴梁的社會現狀、生活場景和各色人物的細緻描繪，生動再現北宋的繁華盛景。細心品讀本書便會發現，全書是一幅極富古早味的臺灣「清明上河圖」，而構成這幅圖的就是一篇篇以不同視角所展現的生活。後半部（五至八章）著重書寫臺灣的民俗風情與文化記憶，如天然的植栽城牆、番樣、西瓜等代表性貢品，烏魚子、麻虱目等山珍海味，古早生活風情等臺灣庶民的生存圖景，熙熙攘攘地轉動著一個個動人的平民世界，裡面有親切的生活與生存。用最樸實的眼光、最真切的情感來反映臺灣的社會現象，著重於世俗生活情景的描畫；並在風俗圖景之中，緩緩道出人物的喜樂哀愁，發揚著民間的生命力。可以讓讀者隨著文字品味古早人情之美，理解臺灣走過灰撲撲的歷程，從中「知其所來自」，進而有所感悟與啟迪。

## 臺灣文學古典傳統精神的歷史意義

臺灣文學究竟以什麼模式存在？這是值得每一位臺灣文學研究者深思的問題。當然，「臺灣文學」存在於特定時空的歷史發展過程中，也存在於記錄這一過程的文學作品或文學史中。

清初，臺灣文壇以大陸治臺官員的作品為主，他們的詩歌創作多以賞奇詠異為主，缺乏真正扎根臺灣本土、關注臺灣社會生活的作品。直到乾隆年間，第一批臺灣本土文人成長起來，情況才逐漸改變，他們的作品整體上呈現出與康熙年間大陸赴臺文人明顯不同的特點：不再停留在地理、山川、物產等臺灣生活的表層，而是開始體察民情，反映民生和社會。詩歌是中華文化的重要載體，從詩歌的語言傳承歷史意象的角度來看，可以找到兩岸共同的文化根脈和精神家園。清領時期這些書寫臺灣的民俗、物產、文化、古蹟、民生的詩作，是反映當時臺灣社會生活的一面鏡子，更是研究康熙和乾隆時期臺灣社會狀況的重要資料來源。

《咱的臺灣史》書名已將「臺灣」呈現為歷史書寫出發的據點，從書中可見：臺灣曾是政治尺度上的殖民地，也是自然視角下物產富饒的寶島，更是「咱的」個體記憶中最美麗動人的故鄉。所以，具有多重意義的「臺灣文學」，有著不同於其他地區的歷史文化契機。臺灣文學從一開始就處於他者統治的特殊背景之中，決定了其發展的特殊性，從明鄭、清領到日治，再到國民黨政權遷臺的政治變遷，形成一個反抗強權的過程，也是一個民族文化認同的過程。臺灣文學不僅是一般意義上的省區域文學，也是中國文學中重要而且獨特的支脈，經歷風雨兼程的種種磨難，臺灣文學也是一部用血淚書寫的文學史。

對「臺灣文學」的認可是動態的累積過程，涉及文學系統的多個層面。《咱的臺灣史》表現了淑芬教授對臺灣文學所具備的中國文化精神，以及其所開掘的本土文化資源的理解與尊重，對臺灣史所呈現的歷史厚重感、文化包容性的肯定與讚許，同時也啟發著人們去思考臺灣文學中古典傳統精神的歷史意義和地位。

## 微觀與宏觀、小巧與大氣的微妙組合

淑芬教授將清初治臺文人心態這種宏大的主題透過自然化、生活化的處理、人物形象簡筆勾勒的塑造、世俗化喜劇效果的強化，成功平衡了宏大主題與微觀表達之間的對立關係，形成這部書雅俗共賞的生命力。它是一部全景宏觀與群像演繹的歷史敘事，借用多方位、多角度、多層次的描繪人物群像和風俗民情，賦予臺灣史以生活化的塑造。同時，將前人詩文交織在史事的敘述、場景的描寫中，進行詮釋和解說，一如說書人扮演著為讀者提供訊息的重要角色，亦唱亦述，夾敘夾議，且以注腳一一交代詩文本出處。如果讀者想往深處探勘，或許能發展出仕臺官員的作品研究，如果不想往深處求，同樣可以提供給讀者跟著文字品味親切動人的古早味。凡此種種，不但延續著淑芬教授多年來在學術專業耕耘的傳遞使命，也傳達了她對島嶼一份深沉的感恩與愛。

文學必然反映特定歷史時期的生活，淑芬教授以文立心，回望歷史，尋根溯源，以說書化的形式呈現歷史記憶，以對成長記憶和土地群體的人文關懷呈現過去。為我們保留曾經生活在島上的人們肖像，展現了特定時代臺灣人的生活狀態和內心世界。這些一一逝去的時代曠野，在今昔對比中形成獨特的文化價值和意義。這是讓我們回返「過去」、意識到「現在」大變遷的旅程，幫助我們從過往汲取養分，化為前進的動力。

淑芬教授正是透過書寫揭示歷史，提煉出舊時代的經驗和往事的見證，為讀者提供回望過去、閱讀人生的機會。從臺灣的角度看，本書再現傳統的人文風貌；從歷史的角度看，善於捕捉被正史忽略的細節和閃光點，解讀真實的人性；從文化的角度看，透過詩文的內涵，展現臺灣文學的古典文化精神，啟發我們深入思考文化與傳統，尋找在歷代變遷中被忽略或遺忘的風景。

走過從前，立足當下，回望從前，也展望未來，「咱的臺灣史」便在時空流轉的「島嶼群像」中積累形成，人們也在日常生活中建構歷史。

# 自序

我們能生長在這片土地，真是幸福。

福爾摩沙——美麗的寶島，從荷西、明鄭時期，到被清廷搶奪，歷經朝代更迭。沒想到國勢強盛的康熙時期，竟認為臺灣是個累贅，不想接納。過了二百多年，清朝國勢衰弱、任人宰割，臺灣受到外族覬覦，中、日簽訂《馬關條約》後，臺灣馬上被拋棄，割讓給日本。但不管命運多坎坷，老天卻獨厚四季如春、物產富饒的臺灣這塊寶地。這裡的人們雖然一直逆來順受，卻仍保有純樸善良，奮力自強、努力生活。

小學一年級時，我們家從高雄搬到臺南。由於越區上學，每天最痛苦的事除了要走很遠的路到學校外，還要擔心搶不到襪子穿的窘況。剛開始連國語都聽不懂，成績永遠墊底。之後就在升學、補習的懵懵懂懂中度過，對臺南的回憶是美麗的鳳凰花、令人垂涎的小吃，以及純真的青春歲月。

補習、升學的年代，只拚命記住海峽彼岸的歷史與地理。學校沒教過太多臺灣史，講臺語還要被罰，對臺灣有些地方有點熟悉但陌生的部分更多。多年後，才曉得就讀的永福國小竟是清領時的道署。有機會來趟懷舊之旅，再回到臺南，想到小學時天天在道署舊址上課，心中竟有點興奮。

疫情時，校園不准閒雜人進入，我繞到校園後方東張西望，期待能穿越時光隧道來些奇遇，可是滄海桑田，整個校園都已改變，不僅想不起過往的情形，那裡根本看不到海，更不可能聽到濤聲陣陣，完全體會不出康熙時期的國勢強盛，也感受不到「澄臺觀海」、「斐亭聽濤」的閒情逸趣。校園後門只有一小排關著門的小商店，疫情過後也荒涼了，雜草旁僅剩一塊廟方豎立的匾額刻著「澄臺觀海斐亭聽濤遺址」，完全無法和最高權力機構聯結。

漫步在府城的東門與南門城口，想到剛搬到臺南，住東門圓環附近的府前路（現路名、門牌都已改編），之後搬到東門城外的衛國街。康熙時期沒有城牆的臺灣，種滿刺竹、莿桐、綠珊瑚等來保護人民，還好現在城門只是個古蹟，如今都在同一個城市內。

走在府前路的小巷弄，突然看到臺南僅存的節孝牌坊——「蕭氏節孝坊」，石柱上竟刻有府城仕紳韓必昌的題名。他是少數幾位會填詞的本土文人，感到很有親切感，好像他走出歷史，那些詩詞復活，變得有溫度，原來我們都先後生長在這塊土地上。

看到一些仕臺官員為了取悅康熙，展現臺灣特色，進貢許多本地土產，包括番樣（芒果）、西瓜、番犬、番茉莉等數十樣產品，卻獲得康熙毫不留情地寫著十多個「無用」、不用再送來了！雖然一再被否定、被貶抑，但臺灣農產品夠志氣，臺灣人夠堅毅，產品一再改良，康熙已化為塵土，成為歷史人物，但臺灣物產卻繼續揚名海外，有口皆碑。

同事鼓勵我應該開些本土的古典文學課。我閱讀《全臺詩》和有關清領時期留下來的文學資料，清朝能寫詩的大多是來臺官員，以及少數來尋找機會的文人。尤其康熙時期的來臺官員，大多自以為是被貶謫。根據《全臺詞》蒐集，康熙時期能填詞的只有臺灣本土文人張僊客，乾隆時期才零零星星出現幾個會填詞的仕臺官員。他們的詩文集可能因經濟因素沒有出版，或是當官地點一再更換而亡佚，有些回到故鄉或過世後才由子孫出版，作品有可能年代久遠而淹沒不存。

當時書院教育不普及或其他因素，臺灣百姓大多屬於沉默族群，少用文字表達，無法為自己和土地發聲。會表達心聲的大多是仕臺官員，他們的眼光或許帶有歧視和優越感；有些雖然身在臺灣，心中卻想早日乘槎歸去。但不管怎樣，他們都曾來過臺灣，走過就有痕跡。臺灣有今日各方面的成就，感謝許多人的耕耘與灌溉。

本書只想表達清初先民的生活情形，一路走來的艱辛與堅忍。

謹以此書獻給每位熱愛臺灣這塊土地的人。

# 目次

【第一章】

# 阿母啊！你到底叫什麼？

清朝占領臺灣後，康熙帝認為臺灣是個沒有用的化外之地，只會增加朝廷負擔，根本不想要。直到施琅對康熙帝說：「臺灣很重要，如果你不想要，荷蘭人可是很想要喔！」討論了八個月，康熙二十三年（一六八四年），康熙帝終於採用施琅建議，設立臺灣府，隸屬福建省，臺灣從此劃入清朝版圖。臺灣受清廷統治二百多年，直到割讓給日本，又受其統治了五十年。

從荷西、明鄭到清朝，多次改換朝代，對臺灣的稱呼都不同，大部分臺灣人不知道以前臺灣叫什麼。三國時代稱「夷州」、隋朝稱「流求」、宋朝稱「毗舍那」、元朝稱「留求」、明時稱「小琉求」、「東番」、「臺員」等。

十六世紀中期，西班牙人航行經過，在海上看見林木翠鬱的臺灣，首次在航海誌稱這個島嶼為「As Ilhas Fermosas」（美麗之島）。西班牙人後來畫了一幅海圖，將臺灣稱作「Hermosa」（艾爾摩沙）。幾經更迭，最終由一六二四年來臺的荷蘭人確立「Formosa」（福爾摩沙）一詞，自此成為西方國家對臺灣的定稱。[1]

民國六十年（一九七一年）左右，出國的人還很少，我老爸拿著農耕隊的公務護照，回國時繞道荷蘭，被海關攔下來，比手畫腳半天，就是搞不懂「R.O.C.」是哪一國，情急之下喊出：「Formosa!」果真見效，馬上成為通關密語。

荷蘭統治時稱呼臺灣「Tayouan」（大員），鄭成功來了以後，不太喜歡這個名字，改稱「東都」，鄭經又改為「東寧」，不知是否為了緬懷「東寧」，還是另有用意。康熙時，諸羅縣令季麒光記載在臺任內的往來公文、告示、審判評語和信件，共計五十篇，取名為《東寧政事集》。乾隆時，鳳山縣詩人陳斗南為詩集取名為《東寧自娛集》，臺灣縣的詩人黃佺也把詩集取名為《東寧遊草》（已佚），現在臺北、竹東、臺南、高雄都有東寧路，走在路上是否會想起鄭經曾治理過的王國？

臺灣納入清朝版圖以後，清廷改以「臺灣」設置臺灣府，「臺灣」成為這座島嶼的名稱。此外，臺灣還有「蓬萊」、「瀛洲」、「寶島」、「鯤島」、「高山國」、「高砂國」等一大堆名稱。

1 參考翁佳音、黃驗：《解碼臺灣史 1550-1720》。

「毘舍耶」又譯為「毗舍耶」、「毗舍那」，是現在臺灣大部分人看不懂，也幾乎沒聽過的名字。南宋趙汝适《諸蕃志》記載：

「毘舍耶」，語言不通，商販不及，袒裸盱睢，殆畜類也。……淳熙間，國之酋豪常率數百輩，……猝行凶暴，戕人無數；淫其婦女，已而殺之。

毘舍耶與世隔絕，言語不通，和外界沒有生意往來，是很封閉的地方，而且人們都裸體。從某個角度看，環境倒很像亞當、夏娃居住的快樂伊甸園。然而又說南宋孝宗時，毘舍耶首領常率領數百人胡作非為，非常殘暴，還會到處淫人婦女，加以殺害，因此被看成畜類。

康熙五十六年（一七一七年），周鍾瑄編寫的《諸羅縣志》也收錄這段話。康熙六十一年（一七二二年），首任巡臺御史黃叔璥巡行臺灣後，寫《臺海使槎錄》一書，其中〈赤崁筆談．原始〉也抄了這段話，澎湖旁邊有毗舍耶國「語言不通，袒裸盱睢，殆非人類」，又說「澎湖東南即今臺灣，其情狀相似，殆即毗舍耶國也」。他們眼中澎湖東南的毘舍耶，住的是語言不通的野蠻動物，不是人類，而澎湖東南就是臺灣，與所描繪的狀況很相似，應該就是毗舍耶國。

乾隆年間，擔任彰化縣儒學教諭的董天工，回鄉後在《臺海見聞錄》自序說：「臺灣，古毗舍耶國也。」乾隆時的朱景英《海東札記》卻說：「論者疑其情狀相似，以臺灣即毗舍耶國，其足信歟？」[2]採懷疑的態度，不太相信臺灣就是毗舍耶。此後很多權威學者長期爭辯毘舍耶到底是琉球群島？是菲律賓？或是臺灣？

臺灣有那麼多名稱，但很奇怪，清領時的官員與文人竟喜歡稱臺灣為「毘舍耶」。乾隆六年（一七四一年），巡臺御史張湄《瀛壖百詠》：「臺灣，古毘舍耶國也。」第十八任巡臺御史錢琦來臺灣時，寫〈泛海〉說：「臺陽一番島，宛在水中央。古稱毘舍耶（見《文獻通考》），或說婆娑洋（見《名山藏》）。自從歸入版圖後，穿胸儋耳咸循良。」[3]

2 朱景英《海東札記．記方隅》卷一。
3 錢琦〈泛海〉，全臺詩編輯小組：《全臺詩》。以下所引詩皆此版本。

他說臺灣是四面環水的番島，就是古時稱的「昆舍耶」或「婆娑洋」，自從納入清版圖後，像「穿胸」、「儋耳」的原民、神話中的野蠻國，都被教化成良民。

乾隆二十八年（一七六三年）左右，孫霖〈赤嵌竹枝詞〉說：「禾間新搆認農家，遺意猶傳昆舍耶。」竹枝詞大多寫當地風俗或男女情愛的詩。當稻穀成熟時，農家就在田旁新蓋貯藏穀物的倉庫，倒掛著禾稼，這種方式還流傳在臺灣人的生活中。乾隆舉人卓肇昌〈臺灣形勝賦〉開頭宣稱：「郡號臺灣，古傳毗舍。」朱景英為友人題屏風說：「三十六島外，置身昆舍耶。」三十六島（澎湖）之外，置身在臺灣。臺灣知縣姚瑩調回廣東時，寫了：「已去昆舍城，澎湖到天際。」[4]表明他已離開稱為昆舍古城的臺灣，澎湖也在天際了。咸豐二年（一八五二年），魏源編撰《海國圖志》，書冊附錄〈東南洋各國沿草圖〉的世界地圖中，稱呼臺灣島古名為「毗舍耶國雞籠山」，這些清朝官員認為臺灣就是古昆舍耶國。

臺灣本土文人也愛稱「昆舍耶」，光緒十年（一八八四年），法艦藉口購煤進入基隆港，六月施士洁（與父親施瓊芳為清代臺灣僅有的父子雙進士）聽說劉銘傳要到臺灣，頗有所感說：「茫茫毘舍耶，豺狼久當道。」[5]一望無際的臺灣，豺狼為非作歹且當道很久，國家一片混亂。施士洁寫給胡適老爸胡傳的詩說：「毘耶風景似瓊雷，花木長春四序開。」[6]臺灣古時就稱毘舍耶啊！風景好像海南島與廣東，四季如春花木盛開。他的〈別臺作〉：「島嶼陸沉毘舍國，欃槍氛起薩摩城。」薩摩城是日本代稱，指國土淪陷，臺灣這座島嶼已經割讓給日本，這是日本帶來的兵禍。

臺灣進士許南英自號「毘舍耶客」。光緒二十二年（一八九六年），割臺後跑到中國，又輾轉到新加坡，曾接受新加坡華僑邱菽園熱情招待，在席上謙稱自己：「毘舍耶客本麤才。」[7]我這個毘舍耶客本來就是才疏學淺的人。他的詩又自稱「我是毘

---

4 姚瑩：「三月朔日，自臺灣放舟至澎湖，忽遇北風，舟南駛不可收。越兩日夜達粵東之惠來，乃捨舟登陸，間道至潮州，偕方子步琛登江樓小飲，憑檻有作，寄穎齋觀察。」

5 施士洁〈聞劉省三爵帥到臺，張幼樵星使到省有感，仍用前韻（甲申六月初四日）「甲申（一八八四）六月初四日」〉。

6 施士洁〈臺灣雜感和王蔀畇孝廉韻胡鐵華太守同作〉八首之三。

7 許南英〈邱菽園觀察招讌南洲第一樓分韻，得一字〉。

舍耶島客」。[8]

臺灣文人洪以南讚美日月潭的美景：「莽莽乾坤裡，無數好山水。毗舍海中山，山上海更美。」[9]臺南女詩人蔡碧吟說：「珊瑚十里綠雲屯，毗舍城南夢蝶園。」[10]夢蝶園就在臺南，種滿綠珊瑚。

他們都搶著當毘舍耶的子民，都認為毘舍耶早已不是傳說中裸體、殘暴、野蠻的地方，而是四季如春、花草盛開、物產富饒、生活純樸，沒有爾虞我詐的美麗寶島，好像伊甸園的子民，自在歡欣地生活著。

臺灣阿母啊！妳喜歡妳的名字——毘舍耶嗎？

8 許南英〈壽李啟授令堂李太夫人〉。
9 洪以南〈遊日月潭所感〉。
10 蔡碧吟〈臺陽竹枝詞〉三首之一。

【第二章】

# 臺灣的公婆們——巡臺御史、福建軍政長官

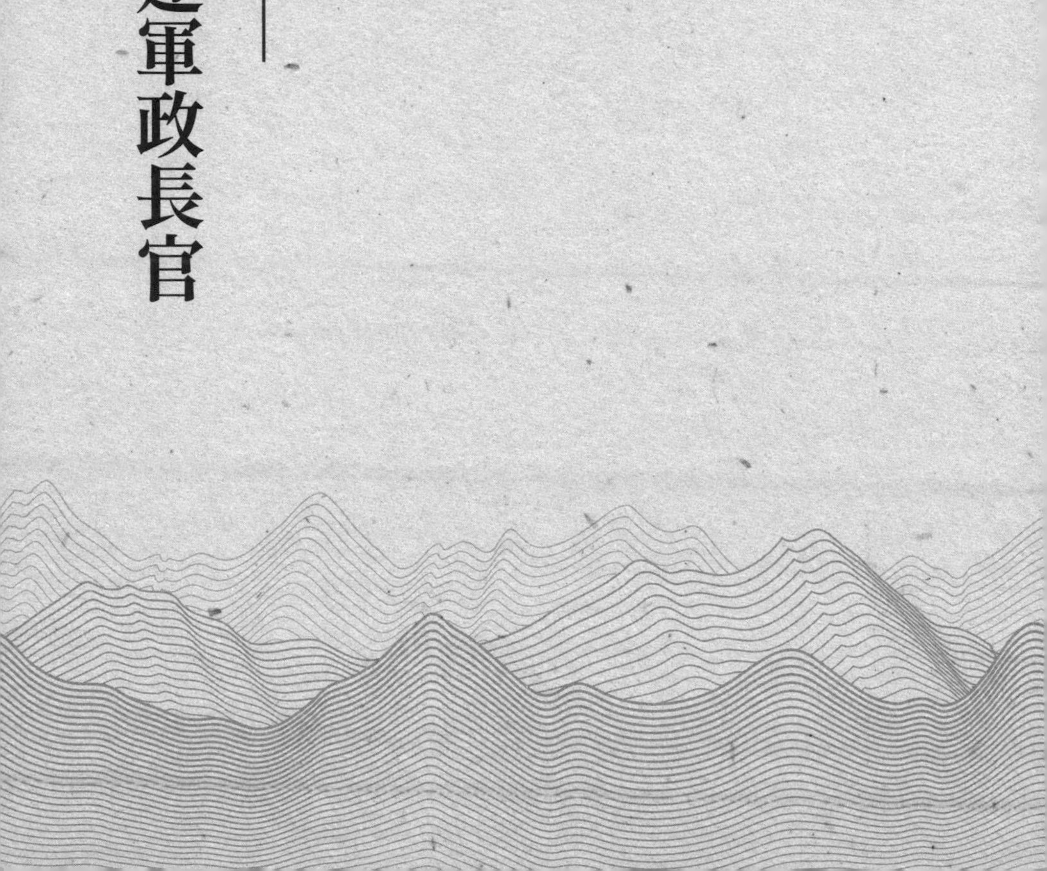

臺灣像是貌美的姑娘，被清廷從明鄭手上搶走，從此不僅要伺候公婆，看一家子人的臉色，還有很多形形色色的長官都要來管控、監督你。

清廷首先設立臺灣道、臺灣鎮總兵來管理臺灣，臺灣道最早的稱呼是福建分巡臺灣廈門道，道署設在廈門，升格為分巡臺灣道則直接設署在府城臺南。臺灣道剛開始是正四品文官，根本喊不動臺灣鎮總兵（正二品）。臺灣總兵是當時臺灣文武官員中，唯一可以直接上奏皇帝的官員。

雍正五年（一七二七年）改為福建分巡臺灣道，專責管理臺灣事務。日後為節制總兵，加授軍權稱福建分巡臺灣兵備道。之後又加授按察使銜，提高到正三品，管理臺灣政學經建內政外，還可以直接上奏清朝皇帝之職權，到了清代中後期，臺灣道成為臺灣地方的實際軍政領導。

## 巡臺御史——皇上的眼睛

臺灣是孤懸海外的海疆重地，天高皇帝遠，讓康熙帝很不放心。康熙六十年（一七二一年），鴨母王朱一貴事件平定後，為了避免臺人再作亂，第二年設置巡臺御史為「表正風俗，稽查彈壓，除剔弊端」，[1]通常派滿人及漢人各一位來巡視臺灣，好像皇帝的眼睛，幫皇上盯緊臺灣，傳達訊息。但巡臺御史是從五品文官，品等比臺灣道道員的正四品還低，如何監視長官的作為？難道到臺灣只是觀光考察、文化交流嗎？皇上就給巡臺御史權利，不僅可以直接彈劾、審判違法的官吏，也可以直接上奏臺灣地方行政的弊端，還要提督學政，推動臺灣文化事業發展。

巡臺御史剛開始要親自赴任，一年更換一次，必須等到接任的人到達，才能卸任離開，但二年一任也很常見，從雍正八年（一七三〇年）就改為二年一任。

1 中央研究院歷史語言研究所：《明清史料戊編．吏部題本》第一本。

巡臺御史遠渡重洋，沒有3C產品可以隨時轉播，有時還會捲入糾紛。乾隆時，福建巡撫周學健彈奏巡臺御史六十七，牽連稻穀採購弊案；乾隆十二年（一七四七年），六十七以「積習相沿，因循滋弊」的罪名丟了飯碗。接著新任福建巡撫陳大受上奏朝廷有關歷任巡視臺灣監察御史收受養廉銀，強索各縣提供「輪值供應」賄金和各種款項，又濫准差拘、多留胥役、滋擾地方等失職的事，這下惹毛乾隆帝，下令將乾隆五年（一七四〇年）以後歷任巡臺御史交部嚴察議處，他認為巡臺御史可有可無，如果真的發生事情，臺灣有總兵、道、府大員可以彈壓，似乎不必另派員巡察，以滋煩擾。此後雖經大學士、九卿及閩浙總督等議復，巡臺御史仍舊派設，但地位大不如前。乾隆十六年（一七五一年）起，改「著三年一次命往，事竣即回，不必留駐候代」。[2]乾隆三十四年（一七六九年），裁撤巡臺御史一職，此後的巡臺御史都是奉旨巡臺，不是擔任該職。其中漢人二十五人，滿人二十二人，一共派出四十七位巡臺御史來臺。

巡臺御史品位低於臺灣道，部分巡臺御史只不過虛應故事，照例報喜不報憂，雖然是威風凜凜的巡視，有時卻官官相護、規避責任，而且臺灣吏治敗壞，部分巡臺御史想參一腳撈取好處，安插人事。乾隆四十六年（一七八一年），因巡臺御史塞岱、雷倫在巡視臺灣應行查辦各事務中敷衍了事，所奏不實，引起乾隆帝惱怒，認為巡臺御史有名無實，決定撤銷。乾隆五十二年（一七八七年），林爽文事件後，乾隆帝乾脆廢止御史巡臺制度。

巡臺御史被廢止後，改派閩浙總督、福州將軍、福建巡撫、福建水師提督、福建陸路提督，每年輪值派一人來臺巡視。但乾隆五十三年（一七八八年）後卻從未實行，直到嘉慶十一年（一八〇六年）才由福州將軍前來，嘉慶十五年（一八一〇年）改為兩年一次，後來則改為「不拘期前往」。

這樣看來臺灣的公婆有好幾個，可以來管理、監督、巡視，要隨時看他們臉色。臺灣俚語說：「嚴官府出厚賊，嚴爸母出阿里不達。」意思是嚴格的官府反而出現很

2 中央研究院歷史語言研究所：《明清史料戊編．都察院奏副》第二本。

多小偷；父母太嚴格，管東管西、礙手礙腳，孩子無法發展，愈不成材。臺灣官府很多貪官汙吏，俚語有「三年官二年滿」，任期未滿就想腳底抹油趕快跑了。官府「有錢判生，無錢判死」，窮人永遠倒楣，活在被奴役中，在官逼民反下，再怎麼監督，總會有變亂。

## 監督臺灣——用圖說生活

巡臺御史要如何以最精準的方式傳達臺灣的民情與生活？當時沒有手機、照相機可以攝影或開直播。巡臺御史為了向皇上稟報臺灣情況，最方便的是就是上奏摺（比較嚴肅且花時間），有時會用詩文表達內心的看法（歌功頌德不少），或報告臺灣生活情況，例如夏之芳〈臺灣紀巡詩〉、〈南巡紀事〉，又編輯臺地科舉優良文章，編有《海天玉尺》二集，成為士子科考撰文的楷模。巡臺御史張湄〈瀛壖百詠〉、《漁柳詩鈔》等，都有提到臺灣生活、風俗民情。最有創意的是御史們請畫工繪圖，有時用文字寫了半天還說不清楚的事，從一幅生動的圖就能讓皇上了解臺灣的情形。

巡臺御史留下的詩文集很少，其中記載臺灣事務的屈指可數。福建軍政大臣巡臺留下的詩文更少，可能軍旅太忙，沒空舞文弄墨。目前存有福建巡撫孫爾準《泰雲堂集》的《婆娑洋集》，為道光四年（一八二四年）循例巡臺之作；《臺陽籌筆集》是道光六年（一八二六年）赴臺平亂之作。前者以閒情居多，後者警亂為主，詩風迥然不同。

最寶貴的是巡臺御史留下的巡臺圖畫，讓我們可以看見當時原民多采多姿的生活習俗和物產富饒的臺灣，只可惜存留不多，臺灣目前只能看到六十七託人所畫的《臺海采風圖考》、《番社采風圖考》，以及林天木《臺灣巡行圖》複製品，有文字記載的為以下幾張。

## 黃叔璥《臺陽花果圖》、《番社圖》

朱一貴事件後，康熙看見「臺灣地方官平日但知肥己，刻剝小民，激變人心，聚眾叛逆」，[3]加強對臺灣的管轄、地方官員的監察和資訊的溝通，派出首任巡臺御史。康熙六十一年，康熙帝召見滿洲正紅旗的吳達禮、黃叔璥，當面授以治臺旨意，授「中憲大夫」（四品），藉此強調對首任巡臺御史的重視。

黃叔璥，字玉圃，順天府大興縣人（北京）。七月抵達臺灣後，開始巡視南北兩路，安撫獎賞番黎。

他從臺南府城出發，留下來的文獻沒有明確記載行程。應該是沿著北路行經笨港社，十一月抵達斗六門社，最後抵達沙轆社（沙鹿），再回頭巡行南路並到朱一貴事件的地點近郊羅漢門（內門）、搭樓（九如）、武洛（高樹），最遠到放索（林邊）等。他坐著轎，眼觀陌生的臺灣，每到番社，當地的土官和婦女們老遠就排隊唱歌、跳舞，熱烈歡迎，好像現在原住民跳的迎賓舞，接著跪地獻上珍貴的傳統美食「都都」——先把糯米蒸熟，由鄉親一起搥打成黏黏的粢粑，有點像現在的麻糬。黃叔璥開心地記下原民生活，〈漫記〉六首之一：「沙轆行來界北邊，裸人雖陋意殊虔。官廚未識都都味，首頂糍盤眾婦先。」

我來到番界最北邊的沙轆社巡視，赤身露體的原民們雖然動作鄙陋，熱情、誠意卻是滿分，率先出場的是原民婦女，她們頭頂盤子，擺放著珍貴名產「都都」，但公家的廚師們根本搞不懂「都都」是什麼東西啊！

迎賓之後，巡臺御史開始「賞番」，不是欣賞番民，而是「巡使按年巡歷南北二路，撫賞番黎，宣布聖澤。凡至一社，土官婦女，遠迎馬前，意甚誠切」[4]。賞番端出的禮物包括酒、紅布數尺、銀牌、苧線數十條、婦人櫛髮諸器等，讓原民了解朝廷有關愛他們。賞番時，原民婦女精心打扮，穿著鮮豔衣服，頭上插著鮮花，脖上掛著

3 中央研究院歷史語言研究所：《明清史料丁編》第八本。

4 六十七《臺海采風圖考》卷一。

玉石與成串的螺錢，手拉著手圍著圈唱歌、跳舞，熱烈歡迎，長官賞賜的美酒，她們百喝不醉。乾隆時的巡臺御史張湄作詩〈賞番〉，也有同樣記載：「領懸文石間雕螺，連臂唉噫蹋地歌。簇錦圍中看賜酒，累觴未覺醉顏酡。」

婦女們打扮得很漂亮，頸項戴著具有紋石與雕鏤的螺錢，手把手唉唉哼哼踏著地板又唱又舞，圍成一圈看著長官所賜的酒，喝了許多，但她們酒量超級好，完全沒有醉顏與醉意。

黃叔璥視察完後，寫下《臺海使槎錄》共八卷，署名「繡衣使者黃叔璥」，為巡臺御史生涯留下豐富紀實，分為〈赤嵌筆談〉（四卷）、〈番俗六考〉（三卷）、〈番俗雜記〉（一卷）三篇。〈番俗六考〉詳細記錄臺灣的山川地勢、風土民俗。這些資料有些是親自上山下海巡視番社的心得，有些是擷取前人著作的資料，有些是派地方官協助調查各番社的情形。[5]算是比較有系統、詳實地留下原民的樣貌。

他看到臺灣豐盛的花果大開眼界，興奮地請人畫出那些在中原沒見過的二十幾種花果，名為《臺陽花果圖》和《番社圖》，上呈皇帝表達不虛此行；並介紹臺灣給朝廷好友，友人吳王坦看完還寫下〈題黃玉圃巡使《臺陽花果圖》〉：「其中植物繁，羅列登市賣。五色爛然陳，厥狀難盡話。」圖中看見臺灣植物種類繁富，市場上賣著五顏六色、形狀特殊且難以形容的水果。陸榮秬〈題黃侍御《番社圖》〉：「捉罷野牛還捕鹿，閒來飽啖夜舂糧。」圖中有原民奮勇抓野牛與捕鹿，閒暇時暢快地飽吃一餐，夜晚就舂打糧食，一幅物阜民豐的情景。可惜現在已經找不到圖，只留下這兩首詩。

## 林天木《臺灣巡行圖》

第九任巡臺御史林天木，廣東潮陽人，個性沖和慎默，不苟言笑，寫字一定用正

5 參考宋澤萊：〈論黃叔璥《臺海使槎錄》的實與虛——並論浪漫傳奇文學作家的理性與非理性書寫〉。

楷，言行舉止都以宋名儒為典範。主持辦理臺灣歲、科兩試，[6]一定親自評閱，取士以品德端正為優先，放榜後士人都很服氣。他為人和氣，即使僮僕有過錯，也不會怒罵，人多敬愛他。

雍正十一年（一七三三年），林天木從雲南鄉試副考官升任巡臺御史。十一月抵達臺灣，立刻關心春雨稀少情形，次年四月初一、初二，終於大雨滂沱，禾苗茂盛，趕快上奏，雍正帝開心批覆，看到臺灣下甘霖可以解除旱災，為此高興。

五月十九日晚上，臺灣府城西定坊水仙宮前陳寶蠟燭店失火，當時正颳起東南風，加上地狹人稠，沒有充足的滅火用具，以至於大火殃及附近三百多間店舖。林天木親臨火災現場指揮救災，並奏報失火情形，雍正批道：「此奏甚屬可嘉，近日已有嚴諭，可謂不約而同。」[7]事後林天木參劾地方官沒有依照皇上聖旨備足滅火器具，以致火勢蔓延，從晚上九點燒到凌晨二點多，幸靠兵丁同心協力拆毀房屋、截斷火路才得以撲滅。皇上以救災及時，嘉許他的行為。

雍正十二年（一七三四年），林天木與滿族覺羅栢修巡視臺灣北路，到鹽水港時，發現惡棍蔡馬益糾眾一百多人互毆、焚燒，千總帶兵前往勸阻。林天來認為要維護治安，剪除惡習，免使百姓受荼毒，所以上奏。皇上硃批：「如果情罪俱實，當會同地方官立斃杖下，或以光棍例題請立決，以示惡徒之懲可也。」[8]

同年，林天木特別呈報〈奏報臺灣番民慶賀萬壽事〉，表達原民誠心擁戴。次年，巡臺御史圖爾泰、林天木特地聯名呈報原民婦女茅勝拾獲銀錢和衣服的事，讓皇上知道原民竟能拾金不昧，已經有道德、知教化，獲得皇帝獎賞花紅、針線、銀牌、綢布、銀兩等表揚。

林天木巡視臺灣時，為表示臺灣富庶和原民歸化的心意，請畫工畫下《林天木臺灣巡行圖》證明所言不假。但目前藏在臺博館的圖不是真跡，而是日治中期，畫家片

《臺灣巡行圖》

6 歲試：逢辰、戌、丑、未年文武童生並考。科試：逢寅、申、己、亥年，僅限文童生考。
7 林天木〈奏報臺灣縣西定坊水仙宮地方失火摺〉，《宮中檔雍正朝奏摺》第二十一輯。
8 林天木〈奏報拿獲諸羅縣惡棍蔡馬益摺〉，《宮中檔雍正朝奏摺》第二十二輯。

瀨弘在大正十三年（一九二四年）到廣東鮀江（汕頭）摹繪。此圖背景是臺灣山區，展現出雍正年間，御史出巡時儀仗的壯大陣容，林天木身穿紫色官服並戴官帽，乘坐於轎子上，左右有多位士兵護衛，官員跪在他面前，手持紅色奏摺上奏。林天木前有拿著紅旗子的隊伍導引，向蜿蜒的山路前進，最前方為四位原民敲鑼與舉旗引路，跟隨的有騎馬、走路的官兵，也有挑擔的、坐牛車的，還有居住在高架屋的原民生活情形，織布、舂米、禾間（穀倉）與住屋、溪漁、穿耳、髻髮、竹籬、傳統服飾等，基本風格與所有巡視圖類同。[9]

林天木卸任臺灣監察御史後陞內閣學士，翌年回到故鄉就病死了。

## 單德謨《奉命巡視臺灣圖》

第十一任巡臺御史單德謨，字允甫，號漁莊，山東高密人。雍正四年（一七二六年），單德謨高中山東鄉試第一，清代山東地區只有四個人高中文解元（鄉試第一名），他是第一人。第二年中進士，殿試結束後，皇上在圓明園召見，使他蒙受恩寵。

乾隆元年（一七三六年），單德謨接受派令，出任巡臺御史，兼提督學政。乾隆二年（一七三七年）春抵達臺灣，發現當時海東書院能用的空間狹窄，只能在大成殿門口搭簡陋的考棚，吵雜又媟慢，怕考試會生弊端。為了方便考生應試，他上奏乾隆「應請照內地之例，建立考棚」。得到乾隆恩准，他便在府城東安坊籌建新考棚以供童試與歲、科二試之用，並設立校士院（考院）。

乾隆四年（一七三九年），單德謨更向皇帝建議，臺灣到北京「萬里之遙，重洋之險，辛苦十倍尋常」，舉人能考中進士的人數太少（乾隆前只有一位），因此奏請臺灣舉人參加會試人數達到十人，特別為臺灣考生保留一名進士名額。但臺灣參加會試的舉人太少，很長時間未能實現，直到道光三年（一八二三年），臺灣參加會試的

9 林天木《臺灣巡行圖》，藏國立臺灣博物館。

舉人超過十名，才獲准按例錄取一名，單德謨當年的願望近百年後才實現。

單德謨覺得臺灣賦稅太重，人民壓力太大，還奏〈臺灣官莊賦重宜減照民則徵收〉，[10]請減免臺灣官田賦稅，大大減少臺灣官田佃戶的負擔。

巡視臺灣期間，單德謨請畫工畫了《單德謨奉命巡視臺灣圖》。圖畫卷首有單德謨自序，後面寫著「海表皇華」，卷尾有周宣猷等二十九人的詩題。序中簡述臺灣的地理位置，提到乾隆元年冬天，他接獲皇令以欽差大臣的身分巡視臺灣，但母親年邁、路途遙遠，不堪舟車勞頓，無法同行，因此命畫工特繪此圖，派專人送回家中，以安慰老母思子之心。

單德謨代表皇上出巡，巡視圖很生動地畫上許多隨從，穿著代表皇權的黃馬褂，有的身著官服、有的著戎裝，有的騎馬、有的步行，陣容壯觀，他則坐在八位轎夫擡的轎子上，接受民眾熱烈歡迎，有的群眾獻上土產、抬出梅花鹿、鮮果等展現物阜民豐、安居樂業。看到巡視圖的人都很感動，反應熱烈，一共有二十九人題圖，其中浙東施養浩有〈題單漁莊先生奉命巡邊圖後〉：「海天一望煙蒼茫，臺廈突兀雄中央。

澎湖鹿耳相湊束，茅港盤折鯤身昂。怒潮千丈魚龍立，萬怪出沒蟠巖疆。」11

一望蒼茫的海天，只有臺廈道聳立在中間，遠遠看澎湖和鹿耳門，好像在海面上相聚和，臺南下營區的茅港水道彎彎曲曲，鯤鯓好像昂首矗立在海上。海面波濤洶湧，有魚龍飛越，好像有許多怪物出沒盤伏在山巖上。

這幅圖現在藏在天津博物館，央視「國寶檔案」節目曾有專輯介紹。

乾隆四年，單德謨母親過世，他回到故鄉。之後出任杭州府知府，後升杭嘉湖道，調福建汀漳龍道。乾隆十七年（一七五二年）因蔡榮祖謀逆為不軌案牽連，乾隆罵他：「不能察覺於前，又不能檢舉於後。」將其革職，發配軍臺效力贖罪，不久免罪回歸故里。

---

10 尹全海《清代巡臺御史巡臺文獻》。

11 單德謨《奉命巡視臺灣圖》，央視「國寶檔案」節目。

## 六十七《臺海采風圖》、《番社采風圖》

第十二任巡臺御史六十七，字居魯，一字椿園，瓜爾佳氏，滿洲鑲紅旗人。滿族有個特別的習俗，子女出生時，普遍都以祖父或父親當時的年齡來命名。所以名叫六十七大概是紀念祖父、父親當時的年齡。[12]

六十七是任期最久的巡臺御史。乾隆八年（一七四三年）十二月，六十七奉命任巡臺御史，自京師起程次年三月到臺任事；乾隆十年（一七四五年）十一月，奉旨再留任二年。剛到臺灣，他很有氣勢，寫〈初抵臺灣柬書都諫〉：「綵鷁乘風穿雁嶼，繡衣啣命跨鯤身。番黎樂享承平久，士女歡迎氣象新。」

說自己是穿著繡衣的御史，奉著皇命乘著風搭著彩船，穿過雁嶼（澎湖）跨海來臺，專門懲辦地方奸猾，這裡的原民百姓承平日久一團和氣，男女都熱烈歡迎使者，氣象新穎。詩中展現國威，拉抬身價，表達朝廷來的御史很受歡迎。

六十七在臺期間，努力推動政務讓百姓攜眷來臺。他認為會偷渡的都是內地遊手好閒之人，連累循良安分的百姓無法攜眷來臺，讓祖孫、父子、夫婦不得團聚，恐易滋事。乾隆九年（一七四四年）上奏〈奉准臺民搬眷過臺〉，[13]乾隆十一年（一七四六年）四月，奉准依議。

臺南的五妃廟荒頹破敗，六十七命臺灣府海防補盜同知方邦基修墳，並在正殿內五妃神像後立墓碑「寧靖王從死五妃墓」，後人多稱「五妃廟」。六十七還寫〈弔五妃墓〉：「島嶼最後昭英烈，頑廉懦立鑾婦貞。田橫從死五百皆壯士，吁嗟乎。五妃巾幗真堪旌。」

他哀悼五妃的堅貞，最後在臺灣島上能表彰英烈，像跟隨田橫自殺的五百壯士，了不起啊！五妃的行為值得表揚，可以使貪婪的人廉潔，使懦弱的人立志。

六十七很有慈悲心，看到臺灣困苦貧病的人太多，心生悲憫創建普濟堂一所，共

12 莊吉發〈滿洲命名考——數字命名的由來〉，《清史拾遺》。

13 六十七〈奉准臺民搬眷過臺〉，中央研究院歷史語言研究所：《明清史料戊編》第一本。

計二十間，花費千餘金，專門收養窮民，還寫〈新建普濟堂啟〉說明補偏救弊、關心孤苦人民的決心。

六十七在臺三年，對文化教育、地方文獻非常留心，他命人將中原未見過的奇風異俗、物產（平埔族生活及物產情況），以工筆著色描繪臺灣動、植物風物圖。

有關物產部分稱《臺海采風圖》，繪有刺竹、金瓜茄、蜥蜴、倒掛鳥等動、植物，以及西瓜、楊桃、番薯、黃瓜、波羅蜜、荔枝、芽蕉、檳榔、黃梨等多種常見水果。

有關生活部分稱《番社采風圖》，描繪臺灣原住民捕魚、捕鹿、猱採、耕種、刈禾、舂米、織布、乘屋、渡溪、遊車、瞭望、種芋、布牀、糖廍、迎婦等風俗活動。圖畫十分寫實，色彩豔麗，描繪出原民當時的生活樣貌，歷歷在目。

目前臺灣有三種「番俗圖」，內容不盡相同：

第一，國立臺灣圖書館有《六十七兩采風圖》；

第二，中研院史語所另有一份藏本《臺番圖說》，原圖也是工筆著色的繪本；

《番社采風圖》── 耕種

第三，從故宮信片第十三輯第一組《臺灣內山番地風俗圖》翻印的。

六十七與范咸纂輯《重修臺灣府志》，限於體制和篇幅，無法將所蒐集的臺灣詩文全部錄入，所以把這些詩文作品收在他所著的《使署閒情》。范咸的序寫著：「公本於使署之餘，作詩歌以適閒情。」意思是六十七下班後的閒暇時間會寫詩自娛。又有巡道莊年序所說：「為政心閒物自閒。」當官時心很清閒，看到萬物都是悠閒的，表達臺灣安定沒發生什麼大事，所以書名叫《使署閒情》。全書四卷，六十七的詩作也收錄在裡面，此書保存很多文人的詩作。

很可惜六十七因為稻穀採購與巡撫爭權，以及收受養廉銀、強索各縣提供「輪值供應」賄金遭革職。

## 李友棠《賞番圖》

第十九任巡臺御史李友棠，字召伯，號適園，別號西華，江西臨川人。他自幼

「天稟絕倫」，不到二十歲，巡撫便想推薦他參加博學鴻詞科考試，祖父戶部侍郎李紱認為他年紀太小就推辭了，但那年他竟與三個叔叔一起考中舉人。

乾隆十七年，巡臺御史改為三年一任，事畢返京，不必駐留。李友棠是此後的首批巡臺御史，與第一位巡臺御史黃叔璥已相差三十年。

李友棠學問淵博，為官清正，辦事幹練，清高宗曾說：「江西大臣，尚書曹秀先，侍郎李友棠，學問皆好。辦事則李友棠更優也。」[14]乾隆直接把李友棠從陝西鄉試副考官調用為巡臺御史，主因是李友棠廉潔律己，絕不會收受賄賂。

乾隆二十一年（一七五六年）三月，李友棠在福州接印，乾隆帝准假十天回鄉探視母親。他四月六日抵臺，自四月十六日起隨即與滿籍官保一同巡視臺灣，先巡視南路，再巡視北路。[15]這一路走來花費五個多月，直到九月才返回中國。

以前的惡習是派來巡視臺灣的官員多受賄賂，李友棠到達後，通事（官府與番社間的傳譯）想賄賂他，遭嚴詞拒絕。事後通事膽戰心驚對人說：「我曾經謁見過的官長太多了，但沒有遇過像李察院這麼氣肅嚴厲的人。」

這次巡臺中，李友棠看到地方的生活、景致、物產，都以「集句詩」記錄，就是湊集古人詩句，再巧妙集合成為自己的詩，收在《侯鯖集》中。有關臺灣的詩，內容大多報喜不報憂，一片百姓生活和樂，地方祥和，有如人間仙境。詩中只看見作者賣弄學問，湊合別人的詩句，實在難深知他的真情與心意。

他也請人繪製《賞番圖》，圖已經無法看見，僅存〈賞番圖百韻詩〉，知道的人不多，因為《侯鯖集》沒有收錄，目前只有臺大圖書館有收藏微卷。

李友棠之後任四庫全書館副總裁，《四庫采進書目》著錄「總裁李交出書目」共十八種，足見他的貢獻。臺灣物產豐富已經很吸引人，加上李友棠認識很多朝廷貴官，他的《賞番圖》引起大轟動與回響，不少清代文人墨客非常推崇並題圖詩，如乾嘉學派的錢大昕〈題李西華給諫《賞番圖》〉、桐城派姚鼐見到李友棠《臺灣賞番

---

14 江西省文學藝術研究所：《江西歷代文學藝術家大全》。

15 李友棠〈奏為恭報閱看臺灣水陸操演並巡視南路情形事〉，《宮中檔乾隆朝奏摺》第十四輯。

圖》，寫下五百多字的長詩〈賞番圖為李西華侍郎題〉、王昶〈題李西華先生友棠賞番圖〉、蔣士銓〈題賞番圖詩〉等二十多個人為《賞番圖》寫題畫詩。

乾隆三十九年（一七七四年）十月，李友棠因辦理四庫全書未能悉心校勘，疵謬疊出，皇上下令交部議罰。新昌（宜豐縣）舉人王錫侯只不過是個科場失意的文人，只想編書求活。但他不知死活地「刪改《康熙字典》，另刻《字貫》」。乾隆認為狂妄不法，罪不容誅。而李友棠竟然在《字貫》上題詩一首，乾隆帝斥責李友棠：「身為卿貳（次於卿相的朝中大官），乃見此等悖逆之書，尚敢作詩讚美，實屬天良已昧。」[16]於是將他革職，但可以不必再治他的罪。

現在《纂修四庫全書檔案》所收的〈辦理四庫全書在事諸臣職名〉副總裁中，看不到李友棠的名字。

最後乾隆原諒他了。乾隆五十五年（一七九〇年），乾隆帝八旬壽誕，仍召李友棠入京祝賀，賞三品卿銜。

乾隆六十年（一七九五年），重赴鹿鳴宴。他在嘉慶三年（一七九八年）二月過世。

雖然許多臺灣御史請人所畫的賞番圖都已亡佚，但從現存的圖作看到大多是臺灣物產富饒，御史出巡的威風與國勢的強盛，獲得許多原民擁戴。這些圖畫竟然無法像詩文一樣留下來，是一件很可惜的事。

16 李桓《國朝耆獻類徵初編‧卿貳三十》卷七十。

【第三章】

# 臺灣的包容——官員文人來臺心態

康熙帝雖然獎勵來臺官員，三年後必會升轉的優渥條件，但他們眼中的臺灣根本是座鬼島——一個荒瘠不毛的地方，瘴癘之氣很嚴重，而且民情浮動，動不動就械鬥。官員們因路途阻隔，還要遠渡危險的黑水溝，都認為是貶謫投荒，不僅排斥，且心存顧忌，視為畏途，甚至自我懷疑是被朝廷棄絕，再也回不了中原。

這種恐懼的心就像蘇軾被貶到海南島，全家哭哭啼啼，還交代兒子後事，先買棺材、再做墓地，以為是訣別。

## 哥就是怕到臺灣

### 「苦行老僧」陳瓊

清朝第一清官、被清聖祖稱譽為「苦行老僧」的陳瓊，廣東海康（雷州）人，個性剛正，出身寒微，穎異好學。曾擔任過臺灣知縣、道臺、福建巡撫兼攝閩浙總督，前後在臺八年，勤政愛民，為臺灣百姓尊崇與愛戴。

康熙四十一年（一七〇二年）春，陳璸從古田知縣（福建）調任臺灣知縣，當時臺灣有一府三縣，臺灣知縣屬於比較困難治理的地方。

陳璸聽說要渡過黑水溝，頭皮都發麻了。他寄信給兒子說：「從廈門開船到臺灣，有一千二百里，我這次到臺灣，不但準備把生命與家庭拋諸腦後，還打算把這條老命全捐給朝廷了。」[1]他想起宋朝曾當過宰相的寇準，華州下邽（陝西渭南）人，富貴時曾作詩〈送人使嶺〉：「到海只十里，過山應萬重。」[2]等到晚年被貶到雷陽時，雷州官吏在道旁等候，並獻上一幅海圖，寇準看著地圖問：「我要被貶的地方離海有多遠？」「約有十里路遠」。寇準無奈地感嘆說：「到海只十里，過山應萬重。」我要被貶到的雷陽距離海岸只有十里，但離我的故鄉卻有萬里路，最後客死雷州。

陳璸害怕會和寇準有相同下場，嚇到冷汗直冒，晚上惡夢連連，自覺命運太悲

---

1 陳璸〈寄子書〉，丁宗洛《陳清端公年譜》：「康熙四十一年」。

2 《分門古今類事》卷十四。

慘，恐怕遭遇不測。很感嘆地寫下〈是夜夢寇萊公貶雷陽事，因憶公抵雷時，看地圖東至海十里而嘆。余今日渡海將毋同〉：「勸主親征大有功，澶淵獨自以身從。何因孤注飛言入，頓使勛臣志不通。」

陳璸自認為和寇準遭遇相同，想到寇準曾勸宋真宗親至澶州督戰，也拚老命跟著出征，建立大功勞，但皇上偏偏耳根子軟，還是聽了些讒言，才讓功臣被貶謫他鄉，無法達成報國心志。雖然陳璸指的是寇準，其實是埋怨自己好端端地為何被派到臺灣，讓他冒著生命危險。不久他又寫〈落花誌感〉洩漏心聲：「飄泊江湖此一身，天涯時有未歸人。花因欲落先飛舞，寄語東風莫厭頻。」

看到春花凋落以前先飛舞，聯想到孤身一人漂泊臺灣，成為飄零天涯未歸人的悵恨。又看到有人要回中原，客中送客不禁悲從中來，寫〈送人歸里〉：「相知已數載，一旦竟辭歸。善養喜親逮，宦遊嗟願違。關山重跋涉，裘馬尚輕肥。握別無多語，相看淚滿衣。」

認識多年的好友要回故里，自己還在臺灣為五斗米折腰，以至於無法親自奉養雙親。陶淵明說：「既自以心為行役，奚惆悵而獨悲。」自己選擇自己負責，既然讓心靈被身體所奴役，就是自作自受，何必悵惘而獨自悲傷呢？他僅能握著友人的手，徒自羨慕而流淚。

陳璸雖然心裡害怕與思鄉，但來到臺灣後不久，認為臺灣人驍悍不馴，必須用教育來感化，教導學生以立品勤學為先。夜晚常外出巡視，探問父老生活疾苦，聽到房中有讀書紡紗的聲音就給予獎賞；如果有群聚大聲喧嘩飲酒就嚴嚴斥責，所以人民漸知禮讓。

陳璸探訪民隱，一旦發現任何不公不義的事，立即調閱案情。若見獄吏濫施酷刑，就當場嚴斥禁止。一次過年時，有些冤獄尚未平反，獄內外人情激憤，他擔心發生變亂，竟冒著丟官的風險，讓犯者回家與家人團圓，知府為了這事特地彈劾他，沒想到年後獄囚都準時回到牢房。[3]

3 劉世馨《粵屑．清端塑像》卷二。

陳璸也是個暖男，一回審理名叫歐允的人，他父親歐預在臺灣居住時，與崔元的情感不錯，崔元準備讓女兒準娘和歐允訂親，請媒婆送了銀鍊、禮盒、婚帖等。日後歐預體況不佳，搬回龍溪祖籍，兩人雖然有婚約，但隔著海峽，二十年幾乎沒有互通訊息。

康熙三十九年（一七〇〇年）六月間，歐預曾在龍溪縣申請護照，想帶兒子歐允到臺灣完婚。很不幸，他到廈門就因病而死，不久崔元也逝世。兩位主婚人相繼離世，崔元妻子連氏因貪好錢財，要求女兒改嫁施榮。雖然歐允想到臺灣完婚，卻無法完成心願。因為早在四月時，連氏已經為女兒申請改嫁給施榮的證照。

陳璸認為連氏欺貧廢婿，而施榮恃勢奪妻，假裝不知崔準娘已經許配他人，判連氏、施榮各八十大板，歐允、準娘仍是合法夫妻。

康熙四十三年（一七〇四年），陳璸擔任臺灣縣令治績良好被召回京，舟子駛出鹿耳門時，遭風折柁，舟楫無法運轉，驚波震濤，上下失措。他有詩〈甲申行取時舟出鹿耳門遇險口占〉：「孟浪舟行悔起初，無端一擲葬江魚。為思生寄死歸語，危坐翻披性理書。」（予舟中無事，常翻看《太極圖》、《通書》，故云。）

「行取」就是才能出眾、治績良好的地方官員，調職京師。「口占」是只用口念出，不用筆墨起草的詩文。陳璸搭的船一出鹿耳門就到遇到風浪，他心裡驚嚇，後悔當初行為輕率，沒有事先評估氣候、海潮便冒然出海，差點葬身魚腹。他知道臺灣海峽的威力，這回理智些，能轉化心思想到生死有命，要有視生如寄、視死如歸的想法，不用窮緊張，因此面臨危險時，也能氣定神閒地閱讀周敦頤所作《太極圖》、《通書》等。

此後，陳璸補刑部雲南清吏司主事，後又陞山西司員外郎。

康熙四十九年（一七一〇年），臺灣發生民變，官兵久戰不能平。福建巡撫張伯行奏請康熙：「臺灣為海城要區，而道員實關係重大。……四川學政得人較易，臺廈道得人實難。」陳璸以廉能著稱，對臺灣事務駕輕就熟，因此調他為臺灣廈門兵備道。消息傳出，民眾扶老攜幼，歡呼載道。

當時臺灣有官莊制度，就是文武官員用來收租的莊田，當為文武養廉的經費。陳璸認為官莊使百姓被剝幾層皮，危害甚大，要求廢止。按照慣例，陳璸可得兩所官莊，年收入約三萬兩，但他為革除官莊的弊端，以身作則，把官莊所得的收入全部歸公，半點都沒留下。他為人清廉正直、愛民如子，常以「取一錢與取百萬金無異」為戒，深受百姓擁戴。

陳璸重修臺灣府學與縣學文廟，新建文昌閣及朱子祠，並在文公祠左右親栽梅樹，又修文廟泮池。（半圓形水池可以防災、調節氣溫及風水的象徵意義；古時新入官學的生員，都需進行稱為「入泮」的入學儀式。）

康熙五十三年（一七一四年），五十九歲的陳璸躍升為偏沅（湖南）巡撫，臺灣人民銜恩戴德，在文昌閣為他塑像，建立生祠奉祀，樹立有〈功德碑記〉與〈去思碑〉，壽誕日張燈鼓樂來祝賀。

康熙五十四年（一七一五年），福建巡撫開缺，康熙帝說：「陳璸操守清廉，是一正人，但無甚才能，江南地方煩劇緊要，非伊所能。福建地方伊尚熟悉，著調福建巡撫，令速赴任。」[4]好可憐，皇上竟認為他沒甚麼才能，因此調任福建巡撫。

十二月，康熙帝特別召見，當面讚許他是「苦行老僧」，稱他為「國家之瑞」，還賜宴、賜詩章：「留犢從來漢史傳，建牙分閫賴官賢。寬宏馭吏當持法，修養安民務使全。嶺海屏藩靖蜃氣，關山保障息烽煙。迎年節近新春至，援筆楓宸餞別篇。」

康熙帝稱讚陳璸好像東漢的時苗，當官非常清廉。時苗上任時乘母牛駕的車，此後母牛生下一牛犢，他離任時還不肯帶走牛犢。陳璸極為忠賢，治理臺灣政務井井有條，使百姓安居樂業，也能安定邊疆，保障臺灣人民安全。現在年節將近、新春來臨，皇上特地拿起筆為他餞別。不僅如此，天氣寒冷，他衣服單薄，聖上還恩賜貂皮一件、《朱子全書》一部、《周易折中》一部、《淵鑑類函》一部、《佩文韻府》一部。

康熙五十五年（一七一六年）冬，兼攝閩浙總督；康熙五十六年，奉命巡海到臺灣，北及上淡水，往復一千四百餘里，自行攜帶乾糧，隨身帶著小帳房，餐風露宿，不住進官邸，不接受餽獻。六十三歲去世，追授禮部尚書，諡「清端」，褒揚他為人

4 中國第一歷史檔案館：《康熙起居注》冊三。

清廉端正。

## 「救命啊」孫元衡

另一位很害怕到臺灣的人是孫元衡，字湘南，安徽桐城人。在四川漢州知州任上（從五品），很有治績。康熙四十三年，任滿後聽說要派任臺灣海防同知（主管船政治安，正五品），廳署設於府治西定坊。海防同知主要防止人員偷渡來臺，以及管束違禁品（任意搬送臺灣米去漳、泉等）。雖然是升官，但內心卻充滿不安。

基本上官員外派要經過吏部「批文」調派，內有姓名、籍貫、外貌，由何處到何處，有「關防」為證。孫元衡卻沒有直接從四川到臺灣，藉口要跑去北京面見康熙皇帝；[5]路過長安時又去見他在山東新城縣令所認識的王漁洋，[6]接著轉到江蘇，然後經過嶺南到泉州。

他東奔西跑，想找辦法逃離到臺灣的命運，混了一年後才到任，心理充滿抗拒與焦慮，把奉派臺灣當作朝廷的懲罰。到泉州時，客人送他一張海圖，他看完愈發焦慮，聲嘶力竭地喊：「救命啊！」只能悲觀地寫一首詩給同學好友：「中原十五州，無地託我足，銜命荷蘭國（臺灣本荷蘭地），峭帆截海腹。……颶風怒有聲，駭浪堆篷幅。滌汔終古心，濆瀁萬里目。毫氂晰舟輿，稊米辨巖谷。道犇裸體人，市莽連雲竹。覽者睫生芒，聞之肌起粟。寄語平生親，將毋盡一哭。」[7]

意思是我真可憐啊！中原有十五州那麼廣大，竟然沒有我容身的地方，被迫要到臺灣（哭）。揚起船帆駛入海中，聽說海上颶風常怒吼，掀起高大海浪。海水能洗盡萬古以來離人的憂心愁緒，卻洗不掉我內心的焦慮，映入眼簾的是一望無際的海水。無涯際的大海裡，人們只能從遠處的小黑點來辨認海上是否有船隻航渡，遠處看到的小米粒來分辨是高山或低谷。我擔心在臺灣的路上，看到的都是光著身子裸奔的野

5 孫元衡〈赴闕，奉別文安劉夫子、朱東浦、田東軒兼寄王文在、邱翽梧四首〉，《孫元衡詩集．赤嵌集》，繫年在甲申年康熙四十三年。

6 孫元衡〈王漁洋夫子招同陳子文、陳濂村小飲，命賦琴高魚一首〉，繫年在甲申年四十三年。

7 孫元衡〈除臺灣郡丞，客以海圖見遺，漫賦一篇寄諸同學〉。

人，市集中長滿連天的刺竹，這樣的蠻荒讓人看了眼睫都長出芒刺，聽到後都起雞皮疙瘩。如果告訴親友們這裡的慘狀，相信他們將和我一起抱頭痛哭啊！

他對臺灣充滿無知與排斥，從廈門要到臺灣時非常很不順，一直在等風勢適合行船，好不容易可以起行，就寫〈登舟〉：「波水涔雲片席張，情懷氣味孰相當。美人一去投龍塞，猛士相將赴敵場。」

懷著沉重緊張的心情，以為自己就像昭君要去和番，又像戰士冒著生命危險赴沙場殺敵，真怕有去無回。

三月十七日來臺夜渡時，很不幸在海上遇到颶風，船夫找不到澎湖，航程好像落入十八層地獄一般，所有妖魔鬼怪都來對他嚴刑拷打，唯一的期望就是存活一條老命，「掛冠神武蹤已邁，願乞骸骨還山谿。讀書有兒織有妻，春深煙雨把鋤犁」。[8]他哀號著說如果現在想要耍帥，學習陶宏景，在神武門前掛冠求去，遠離官場去隱居；可惜太晚醒悟，早已錯失機會。只能卑微地祈求能活著回到故鄉，陪小孩、妻子，自耕自養就好了。

孫元衡的舟楫在海上航行，海波夜間動盪，整片漆黑瀰漫。經過黑水溝時，寫下〈黑水溝〉，有序說：「大海洪波，實分順逆；凡適他國，悉循勢以行。惟臺與廈藏岸七百里，號曰橫洋；中有黑水溝，色如墨，曰黑洋，廣百餘里，驚濤鼎沸，勢若連山，險冠諸海。」

行船在波濤洶湧的大海中，必須清楚地分辨順風還是逆風，並遵照風勢航行。只是臺灣與廈門相隔七百里，叫做「橫洋」；中間有一道黑水溝，顏色墨黑，就叫「黑洋」，廣闊約一百多里，海洋面上鋪天蓋地的驚濤駭浪氣勢如山，是地表海面最驚險的。接著他寫詩：「氣勢不容陳茂罵，犇騰難著謝安吟。十洲遍歷橫洋險，百谷同歸弱水沉。黔浪隱檣天在臼，神光湧櫂日當心。方知渾沌無終極，不省人間變古今。」

新朝的陳茂曾涉海遇風，整艘船都快翻覆，他拔出劍大罵水神，風立時止息。晉

---

8 孫元衡〈乙酉（一七〇五）三月十七夜渡海遇颶天曉覓澎湖不得回西北帆屢瀕於危作歌以紀其事〉。

朝的謝安航行海面，突然風起浪湧，大家都很害怕，只有謝安吟嘯自若。渡過艱險黑水溝時，叫最善罵陣的陳茂來嚇止，最沉穩的謝安來吟詠，都沒有用，兩人一定會被狂風浪湧嚇到破膽變色。宇內的十洲中，以渡過黑水溝最艱險、最讓人驚嚇。百谷中的溪水都匯流到海底弱水區，船深陷在黑色的海浪中，彷彿天空都縮到窠臼；銀亮的海浪推高船隻，好像太陽來到天空的中心點。這時才知道混沌的宇宙根本無邊無際，才不管人間古往今來的變化。

孫元衡冒著生命危險踏上臺灣島，迎接的不是歡呼聲，而是各種令人驚恐的自然威力，這裡的氣候、水土讓他難以適應。他抓狂地說：「初到似逋還似謫。」[9]剛來臺灣好像逃亡，又像貶謫一樣。他的家人到臺灣探視，他讀到大哥孫曰書（字安其）從秦關（陝西）病中託人帶來的信，憂鬱發作，自怨自艾說：「君自悔遊余悔宦，總無長策不歸耕。」[10]大哥，你後悔不應該出外遠遊，我更悔恨出來當官，還被搞到遙遠的臺灣，但最無奈的是總想不到好方法可以讓我們安心歸回故鄉、躬耕維生。

孫元衡初到臺灣時，剛好遇到久旱成災，米價居高不下，百姓為饑荒所苦，他命令商船運米賑濟，多運就重賞，少運就處罰，南北的客船絡繹不絕，因此米價頓減，人民免於饑乏。他又奏請蠲免賦稅三分之一，更設置「盪纓船」[11]來偵測礁沙，嚴緝非法，使宵小收斂。

康熙四十五年（一七〇六年），他擔任諸羅知縣，極力提倡文教，怕學生習禮講業沒有依據，就捐出薪俸來修建文廟大成殿、櫺星門。又建立義學，延聘教師教導。他擔心日後發不出教師薪資，把諸羅縣善化里灣里溪邊的下則園，共四十甲，設為諸羅縣義學田，所有收入供應教師薪資所需。他此後擔任臺灣知縣，又創置學田，資助貧苦的人，嚴格緝捕盜匪，以安靖地方。

臺灣地處亞熱帶，有高山峻嶺，卻人煙稀少，處於原始狀態，山中常繚繞無形無

9 孫元衡〈留滯海外倏踰三載追維所歷不無慨焉〉。
10 孫元衡〈家人至讀安其大兄去秋自秦關病中所寄手書〉。
11 孫元衡〈抵臺灣〉：「鹿耳盪纓分左路。」「鹿耳門港路紆迴，以英縛竹竿別深淺，名曰盪纓」。推知「盪纓船」是在偵測航道深淺，以引導船隻通行。

色的瘴癘之氣。仕臺官員不僅怕黑水溝，也怕瘴癘之氣，他寫〈瘴氣山水歌〉：「瘴山苦霧結胚胎，窮陰深墨堆枯煤。」山脈充滿著瘴癘之氣，墨黑的像煤炭，陰沉地籠罩著山林。山下的下淡水溪（高屏溪）是「殺人不見波濤起，……島民生與瘴相習，諸番雜作古丘墟」，高屏溪水不用激起波濤就可以殺人，雖然充滿危險，但島民與山番真了不起，能與這裡凶猛的瘴癘和平共處。

除了黑水溝、瘴癘之氣，臺灣殺人頭的傀儡番（有一種叫做傀儡番的生番，盤據在大山之中，看到人就殺）更是赫赫有名。孫元衡〈裸人叢笑篇〉，十五首之十一：「虎山可深入，傀儡難暫逢。（有生番曰傀儡，踞大山中，見人則戮。）不競人肉競人首，殲首委肉於豝豵。驚禽飛，駭獸走，腰下血糢糊，諸番起相壽。」

不怕有老虎的山林，卻怕遇到傀儡番，被獵去人頭。他特別解釋這些傀儡番對人肉沒興趣，不吃鹹鹹的人肉，而是要獵取人頭。他們割下人頭後，把剩下來的人肉丟給豬吃。傀儡番所到的地方，禽鳥聞到他們身上肅殺的氣息都驚飛，走獸也嚇跑。當獵人頭的傀儡勇士腰下血跡斑斑時，所有原民夥伴都興奮崇仰地站起來大聲慶賀。

第六任巡臺御史夏之芳來到臺灣，看到原民獵人頭後，還要在身上刺青做記號，心生恐懼。他的〈臺灣紀巡詩〉說：「手刃番黎血尚腥，忙鐫肌骨作人形。遍身競賭人多少，方信當場孰慣經。」（番每殺人，必於己身刺一人形，殺番則刺腰以下及兩足，殺漢人則刺腰以上及兩手，以人形多者為雄，同社人俱不敢與抗。）

夏之芳看到拿著刀的原民手上還沾染血腥，殺了番人後，就忙著在腰以下和兩腳上刺青人形，殺漢人的就刺青在腰和兩手上，標記豐功偉業。如果身上有許多人形就被尊為英雄好漢，沒人敢惹，就是社中的老大。

讓人感到害怕的，還有原民會把獵來的頭顱掛在門口炫耀，夏之芳〈臺灣紀巡詩〉說：「生成野性氣如梟，出沒無端血染刀。剝得頭顱當戶掛，歸來轟飲共稱豪。」（生番以殺人為喜，每出，以鏢箭殺人，財物一無所攫，但割其頭以歸，示眾番，競推為好漢。）

原民生具野性驍勇霸氣，總是出沒無常且無端殺人染血，剝了獵物的頭顱掛在門上，回家大口喝酒、大塊吃肉，自以為豪氣。太多記載寫原民只要殺人多，就被當成英雄，受到仰慕。

這些恐怖的生活經驗，讓諸多官員心生排斥，抵死不願來臺灣，加上他們以高高在上統治者的身分，帶著優越眼光，睥睨落後的臺灣，大多戴著有色眼鏡，放眼看到的一切都是「蠻」、「蠻」、「蠻」。

山就稱為「蠻嶂」，「蠻嶂高低雲亦險」；土就稱蠻土，「一杯蠻土野花薰」；水就稱為「蠻谿」，「深黑蠻谿束火來」；酒就稱為「蠻酒」，「何如蠻酒撥醅清」；雲就稱為「蠻雲」，「蠻雲瘴雨阻歸期」；風雨就是「蠻風瘴雨」，「瘴雨蠻煙夢有無」，「蠻煙瘴雨何滋味」；村落就叫「蠻村」，「可惜在蠻村」；地方就叫「蠻方」，「作吏蠻方水一杯」；唱歌就叫「蠻腔」，「一片蠻腔唱大招」，用蠻腔唱召魂曲；訴訟就叫「蠻訟」，「爭田漸解聽蠻訟」，連聽訴訟都是野蠻的；花鳥就叫「蠻花犵鳥」，「蠻花犵鳥猶知我，客裡相看倍可憐」。作客他鄉生病了，這些蠻花野鳥比野蠻人更可愛，容易相親更懂事。

真是無處不「蠻」，無事不「番」，都用上等人的姿態、鄙視的眼光來看臺灣，什麼都和蠻、番有關，眼中的臺灣就是蠻島番地，未開化且低人一等的地方，真是無可奈何的臺灣行！

沒想到三百年後，許多人搶著來臺灣，這裡不再是蠻荒野地，而是遍地黃金的科技島，冒著生命危險都想偷渡而來。

## 哥是來報皇恩的

臺灣物產豐富，天高皇帝遠，官場又有陋規，有些官員掌握資源，趁機收取禮金、規費，大肆搜刮，回去有較多升遷機會，仕臺好像是個肥缺，但他們絕不會聲張，又可趁機好好展現能力，大部分來臺灣任職的官員，無論內心多麼掙扎、抗拒，權衡得失還是會乖乖大喊「謝主隆恩」、「感恩皇上」，縱使粉身碎骨，必效犬馬之勞，內心卻期待安全下崗，早日回到朝廷。

## 季麒光

季麒光，字昭聖，號蓉洲，江蘇無錫人。康熙二十三年，清廷領有臺灣第二年，一切制度還未完備，朝廷借重季麒光才能，將他從閩清縣遷臺灣府諸羅縣知縣（正七品）。渡海赴臺時，大概聽說黑水溝的威力，便將妻兒留在福州，說：「不敢以妻兒共試波濤。」[12]寧可自己冒著生命危險單獨赴任。

他從福州乘船，由海路赴臺上任，寫〈初下海船即事和韻〉：「此去波臣辛苦甚，幾時逸興托滄浪。」雖然搭船漂泊不定很艱苦，但內心還是有期待能泛海寄託著超俗的意興。

經過閩安鎮怡山禪院時，季麒光特地上山拜謁求平安，並留有詩句：「渡海君恩重，空囊矢素心。」[13]被派往臺灣實在是皇恩浩蕩，皇上看得起他，雖然一路艱辛，但內心裝的只是一顆報效朝廷的「赤心」。

一出大海，一行人躲在狹隘的船艙中，非常辛苦，〈海船和韻〉：「漫向深艙曲折藏，不堪伸縮苦低昂。傴僂屈首如狐竇，逼仄容身如蚓房。」[14]航行在大海的船艙很狹小，大家只能低頭彎腰像住在狐狸洞穴，彷彿擠到不行的蚯蚓洞中。

當他們從福州五虎門出海，遇到大風受阻時，他寫下「五虎門高怒石尤，海王作勢滯行舟」，[15]在海上狂風大怒中走走停停，看樣子海龍王生氣了，不准他們向前行。冒著生命危險，好不容易來到澎湖。半途中，看見「幾片降帆殘照外，數家炊火亂崗間。我來拭目頻驚眺，天自茫茫鳥自閒」，[16]夕陽西下中，看到荒蕪的澎湖，幾點煙火在亂崗中，一路走來小心翼翼，心驚膽跳睜大眼睛，還好即使天空蒼茫，至少

12 季麒光《蓉洲文稿．榕城記火》卷之三，有「當余甲子渡海，不敢以妻兒共試波濤，僦居桂枝河上」等語。

13 季麒光〈怡山禪院謁海神天妃，次壁間汪舟次韻〉二首之二，《蓉洲詩稿》卷三。

14 季麒光〈海船和韻〉，《蓉洲詩稿》卷四。

15 季麒光〈五虎門阻風和韻〉，《蓉洲詩稿》卷四。五虎門位於福州東閩江出海口，因有五座巨大礁石，有如「五虎守門」而得名。

16 季麒光〈夜泊澎湖．和韋念南韻〉，《蓉洲詩稿》卷四。

海鷗們很優閒地飛翔。

當船隻航行在汪洋大海中，波濤洶湧的海浪打過來有如天高，老命交付在船尾掌舵的人手上，雖然活在懼怕中，但置生死於度外，仍堅強高喊：「一葉乘風破海潮，瀟瀟波浪倚天高。滿船生死檣身寄，頃刻安危柁尾操。聖主宣威誠莫外，微臣出牧敢言勞？」[17]

雖然浪高風狂，安危生死都寄託在船的掌舵者。普天之下都要宣揚皇上的威信，我這個小小的臣子遇到小小的顛簸，怎敢開口說辛苦呢？

他來到諸羅，是個地處偏僻的地方，縣治初設，沒有城廓街市，當地有漢人、原民和各地來的人，而且都很窮。當時原民沒有開化，漢人也沒有學校可學習。季麒光首先興辦學校，教導儒學，並選拔最優秀的學生，親自教導，為他們辨難解禍。

在任一年後，認為沒有整修地方文獻，時間一久資料會亡佚且被遺忘，於是開始修撰志稿，分為山川、風物、戶口、土田、阨塞等類，可惜還沒有完成，康熙二十四年（一六八五年），以父親過世為由離去。臺厦道高拱乾便以他的文稿為底本編修

《臺灣府志》，《諸羅縣志》稱他：「季文才富豔，首創郡志稿，以發全臺之聾瞶，奬掖士類。言者方於常觀察之風，偉矣！」

季麒光與沈光文等合倡「福臺新詠」，是臺灣第一個詩社，後改名「東吟社」。他著有《蓉洲詩文稿》、《蓉洲詩稿》、《臺灣雜記》等，縣志收有〈題沈斯庵雜記詩〉及詩作，另有〈沈文開傳〉等作。

## 高拱乾

高拱乾，字九臨，陝西榆林人，父親從行伍出身，以軍功遞升到永寧總兵（四川）。靠著父親餘蔭擔任泉州知府，期間深獲閩浙總督賞識，稱讚他「才守兼優、年力並壯，有膽、有識，能慎、能勤，留心瀕海之情形、熟悉巖疆之風土」。[18]康熙三

---

17 季麒光〈順風出大洋和韻〉，《蓉洲詩稿》卷四。

18 興永朝〈會薦臺廈監司第一疏〉，高拱乾《臺灣府志・藝文志・公移》卷十。

十一年（一六九二年）特擢他陞補臺廈道員，期待他能整頓地方，安撫兵民。

來臺灣當官時，看到原民小孩常到處混，在車旁鑽來繞去，他說：「使者莫嫌風土惡，番兒到處繞車旁。」[19]來當官的千萬不要嫌棄這裡的風俗鄙陋。「州縣功名寧復論，承家世受國深恩」，[20]不要再說我在州縣中曾建立的功名，我家世世代代受到國家的大恩寵。「應識乘軺難塞責，願紓南顧聖躬勞」，[21]當官的應該知道皇上召見，所託付的重責大任，我願意到地處南方的臺灣分擔皇上的辛勞。

高拱乾來臺後，從安定軍心下手。擔心臺灣民風不佳，軍隊會思鄉，所以他發〈初至臺灣曉諭兵民示〉曉諭兵民要安分，擔心士兵會思念鄉土，設立輪流對調的制度。勸人民不要遊手好閒，臺灣地氣和暖，不用胼手胝足的辛勞，禾黍很容易成長；比起對岸終年辛勤工作，日子輕鬆多了，兩岸勞逸大不同，所以臺灣農民可以豐足快樂。勸告千萬不要結盟、結社，要促成社會公平、安定的決心。

他看得出許多奸商像詐騙集團一樣，剝削原民百姓，壓榨勞力，就有〈禁重利剝民示〉，嚴禁奸商把百姓當肥羊宰，放高利貸剝削平民，並嚴禁奸商猾吏苦累原民同胞。

他很有經濟眼光，看到當時農民熱衷於種植甘蔗，怕影響到糧食作物的種植，曾發布〈禁飭插蔗并力種田示〉，勸農民不要一直追逐高價的糖利，放棄種田，如果能多收稻穀等糧食作物，就不用怕荒災。

這些都表示高拱乾是勤政愛民、仁心宅厚的好官。

康熙三十二年（一六九三年）春，康熙帝召見王國興，他被派任澎湖水師協副將，一併請託他帶厚禮「蟒袍」到臺灣交給高拱乾。[22]皇上的深情厚意讓他很感動，他在〈蒙聖恩賜袍至臺恭紀二十韻〉的序寫：「辛未（一六九一年）承乏溫陵，是冬謬充卓異。明春分臬，八月乘槎。……茲為邊吏，再叨寵命自天。每追昔而撫今，懼

19 高拱乾〈東寧十詠〉其二。
20 高拱乾〈東寧十詠〉其三。
21 高拱乾〈東寧十詠〉十首之六。
22 王禮《臺灣縣志》，特別加注：「延協王君調澎陛見，親帶至臺。」

徒感而莫報。因成小詠，用紀殊榮。永矢愚忠，庶幾無斁。」

他數算皇恩浩瀚，從康熙三十年（一六九一年）在溫陵（泉州）接受重任，「謬充卓異」指升任臺廈道員。第二年八月乘船來到臺灣，自認為「世受國恩」，無以為報，一定要盡忠職守。康熙帝送的厚禮是一件蟒袍，他覺得「背曝暄思獻，天高恩更崇」，像他這樣淺陋無知的人想自獻奇計來感謝恩寵，但皇上的厚恩比天還高，並寫詩：「寸草三春照，孤蓬萬里蹤。敢言章有德，祇識報無窮。」[23]

寸草時常感念春暉普照德澤，雖然我獨自搭乘孤蓬，宦遊萬里的海外，但我何德何能，哪敢讓聖上表揚，我只是盡忠職守，一心回報無窮的皇恩。

康熙三十四年（一六九五年），高拱乾曾說：「臺郡無志，余甫編輯。」[24]政事閒暇時，開始著手準備修誌，蒐集資料，查考臺灣的山川、水土、物產、風氣與習俗。他「舟楫必由、絕域咸孚，事必親躬。聞見有得，則心識手編」，並查考蔣毓英所存《臺灣府志》草稿，歷時四個月，完成《臺灣府志》，為臺灣八景定名並題詠，八景名為：安平晚渡、沙鯤漁火、鹿耳春潮、雞籠積雪、東溟曉日、西嶼落霞、澄臺觀海與斐亭聽濤。

任期滿後，陞任浙江按察使。現在屏東六堆客家精神中心西勢忠義亭有以「欽命福建分巡臺澎兵備道兼提督學政」的職名供奉他的牌位。[25]

## 錢琦

錢琦，字相人、湘純，號璵沙、述堂，晚號耕石老人，浙江仁和人。定都於杭州吳越國錢鏐的後代，末代皇錢俶奉旨到汴京（河南開封），竟然被扣留，為保百姓不遭兵燹戰亂，只能自動獻上疆土給宋朝，才沒有被滅族的危機。

乾隆帝獲知這段往事，每到江南巡察，往往會召見錢琦和家族中有名望的長輩，

23 高拱乾〈康熙三十二年春蒙聖恩賜袍至臺恭紀二十韻〉。

24 高拱乾〈東寧雜詠〉六首之六，高拱乾《臺灣府志．藝文志》卷十。

25 施雅軒《戰爭空間六堆客家：另一臺灣歷史地理學的展演》，牌位上時間為康熙三十一年，而忠義亭建立時間為康熙六十一年。

以示天恩浩蕩，家族得榮耀，錢琦常心存感恩。

乾隆十六年二月，錢琦被派為第十七任巡臺御史，巡視臺灣兼理臺灣學政，次年九月返京。他也是冒著生命危險橫渡海峽，寫了一首〈泛海〉：「媧皇斷鼇足，元氣洩混茫。散作長波滔滮沓，不知其幾千萬里，蕩搖大地天為盲。有時颶母胎長長鯨怒，星眸、電齒、雲車、雷鼓、風輪森開張。塵沙飛揚人鬼哭，往往白晝慘冽如幽荒。往時讀海賦，猶疑近荒唐。揭來鷺門一悵望，大叫絕奇狂夫狂。……」

這首詩很長，寫出經歷海峽的可怕和風吹、雷打、浪襲，林林總總近似荒唐的恐怖，連船夫都覺得瘋狂絕奇，彷彿我們也坐在船上，被海浪打得頭昏眼花。

巡臺御史巡視臺灣營伍防務是主要任務之一，每年檢閱陸海官兵操演並巡視臺灣南北路，為了節省費用，必須在每年農閒時各分路巡查。也要看原民們是否安定協和？是否和平共處？都是重要課題。依照臺灣當時法令，生番殺人，朝廷對地方官員的處分比熟番殺人來得重。

剛好那年十二月，彰化縣內凹莊（臺中霧峰）的生番殺死兵民共二十九人。錢琦據實上奏乾隆帝，但主管臺灣的總督在奏章裡為了包庇生番，故意說是熟番殺人，和錢琦所奏相異。乾隆大為震怒，要求錢琦查明再回答皇上的問話。有人勸他順從長官的意思，改變上奏內容，這樣才能相安無事。錢琦堅持不改說：「生番殺人，要熟番抵命，根本把人命為兒戲啊！」剛好這時斷獄的長官需要取回生番所獵取的人頭，才能定案，就叫地方官入山取人頭；彰化知縣卻另剖棺來取新死人頭充數，想蒙混過去。

乾隆十七年六月初四交部議處，還好接繼職務的官員據實上報，最後真相大白，生番殺死兵民的案子才能定案。他任期結束要回故鄉時，在〈後渡海詩〉說：「此時正值春光好，綠陰夾岸風搦搦。載得恩波較海寬，回頭一望滄溟小。」

正是春暖花開的好季節，任期已經結束要回家去了，兩岸春風徐徐，沿岸綠樹遍植春意盎然。坐在船上回頭一望，雖然歷經許多波折，但看到滄海無邊際，皇恩比滄海還寬闊，這一番感恩的心意由衷發出。

錢琦平生以「虛心實力」四字自勉。乾隆四十三年（一七七八年）七月卸任公職，以母老在家，特准在籍終養。

## 楊廷理

廣西柳州人楊廷理可以說是清代治臺官員中，公認是最熟悉臺灣事務者。他在乾隆五十一年（一七八六年）、嘉慶十二年（一八〇七年）、嘉慶十四年（一八〇九年）三度來臺，前後十六年，心思始終不離臺灣。

乾隆四十七年（一七八二年），楊廷理任龍巖州知州，因任內表現優異，乾隆五十年（一七八五年），升任臺灣府南路理番同知，次年八月林爽文事件爆發，臺灣知府孫景燧遇害，淡水廳同知、諸羅縣知縣、鳳山縣知縣相繼被殺，這是臺灣最大的一次民變。

林爽文軍聲勢浩大，當時人在府城的楊廷理攝理府事，加強守城。與之三次對戰取得勝利，終於守住府城，並派人渡海求援。清廷獲悉後，緊急調動四省兵力渡海，才平定這場大規模的民變。

事後論功行賞，楊廷理出任臺灣知府。此後又晉陞為臺灣道，這時年僅四十歲出頭的楊廷理，已經成為臺灣最高軍政首長，仕途順遂。但以前在福建侯官知縣任內，曾因帳目不清，被以貪瀆虧空罪名治罪，謫戍伊犁。直到嘉慶八年（一八〇三年）才獲釋返鄉，臺灣仕紳很懂報恩，一聽說楊廷理還積欠官餉，因而無法復職，便慷慨集資捐獻，幫忙他清償欠款，才恢復官職，分發福建任職。

同年，海賊蔡牽入侵鹿耳門。嘉慶十一年春，閩浙水師李長庚率兩省水師馳援臺灣，擊破蔡牽。隨後另一海賊朱濆繼起，又侵擾臺灣。九月，嘉慶皇帝詔令楊廷理赴臺，出任臺灣知府，赴任前他向嘉慶面奏「噶瑪蘭當開」。楊廷理重回臺灣已是六十高齡，回首往事，感慨良多。嘉慶十二年，海賊朱濆入侵臺灣，停泊雞籠，南澳總兵王得祿得知，率水師急行，夜至雞籠，大破朱濆。

朱濆竄往蛤仔難（噶瑪蘭），入據蘇澳，圖謀占為長期根據地。當時蛤仔難雖非清領土，但若任朱濆占據，勢必成為大患。於是王得祿率水師，臺灣知府楊廷理率兵勇，越過艱險的三貂嶺，進入噶瑪蘭。海陸聯合進擊。朱濆大敗，撤出蘇澳。

楊廷理看見蛤仔難土地肥沃，漢人已多入墾，於是勘察土地，繪製成圖，向上級奏請設官治理。奏摺上呈，被否決，並命令回師。不久，楊廷理即奉令內渡，他寫下

〈十一月四日得撤回內地信〉：「重守臺陽未一年，內遷私計亦欣然。棄民棄地憂臣職（謂蛤仔難事），投老投閒託主憐。樺燭燒殘天甫曙，蓮壺漏轉客忘眠。精神應為君恩惜，倦馬從今著緩鞭。」

他認為再次守護臺灣還沒滿一年，不過朝廷怎麼安排都欣然接受，只是蛤仔難的百姓很失望、擔心，我這個老人蒙皇上憐惜，不用再負重責大任，從今以後我的生活步調可以慢慢來。但他一收到皇上的詔書說：「楊廷理是臺灣大出力的。」心中太感動，寫下〈伏讀上諭恭紀〉：「恭聆溫諭憫衰遲，得效馳驅曾幾時。海嶠未寧臣敢老，蠻疆未效主曾知。（曩歲降捐摺上，蒙皇上諭云：「楊廷理是臺灣大出力的。」感悚至今，無堪報稱。）鬢鬚自染天山雪，神氣誰分紫府芝。高厚殊恩猶與郡，據鞍心事竟忘疲。」

恭聆皇上說憐憫我年紀老邁，還有多少時候能效力國家。現在臺灣海濱山邊還沒安靖，怎敢說自己老了。自認在臺灣沒盡什麼力，但皇上卻說我為臺灣盡心、盡大力，還賜我治理臺灣，到現在還深受感動，實在無以回報浩瀚的皇恩，高踞馬鞍上一點都不覺得疲乏。感恩皇上！讚嘆皇上啦！

楊廷理一生三次渡臺，五次入蘭。性格剛正不阿，「喜善而不能隱惡」、「辦事認真則招忌，不遺全力則招怨」，[26]雖宦海沉浮，但他卻是開發噶瑪蘭的功臣。

## 葉世倬

歷來年歲最大的臺灣道葉世倬，江南上元人。任興安知府時，曾大規模發展蠶桑，改善人民生活。

嘉慶二十二年（一八一七年），葉世倬升任福建延建邵道（今南平及三明），短短幾年時間內，治匪患、辦書院。嘉慶二十五年（一八二〇年），以年六十九歲高齡，調任臺灣道。

渡臺前拜訪閩浙總督董教增，董教增心有不捨流著淚說：「到臺灣這一席，除了

26 〈勞生節略〉，楊廷理著、劉漢忠點校：《知還書屋詩鈔》。

你無人可以勝任，只能奏請由你擔任，雖然年紀到七十歲，照例不需要飄洋過海，現在你已經六十九歲，還要遠渡臺灣，實在很不忍心讓你去。」葉世倬說：「歷年來不只我一人有渡過重洋的危險，身為臺灣道負責管理臺灣，如果有一點建樹，三年後返鄉，可以藉此報答皇上的知遇之恩。」[27]誰知一開船，近七十歲的他就頭昏眼花，暈船嘔吐，兩日無法飲食，起來時都要靠人攙扶，他說：「開帆即瞑眩，偃臥苦吟呻。兩日廢寢食，每起必杖人。」[28]但仍希望有所作為，為臺灣盡心竭力。

他雖然仕臺僅十一個月，但有心改善臺灣學風，拔擢人才，親自授課、重刊書籍，力求改善風俗。提出許多治臺策略包括：

一、官宜久任：凡派駐臺灣官員，任職數年起步，時間愈長愈好，才有利於臺灣社會長治久安；

二、嚴行保甲：在臺灣實施保甲制度，強化戶長、甲長、保長等鄉村治理的作用，以利於社會穩定；

三、招徠生番：主張積極招撫原民，促進原、漢族群融合，以利社會團結、和諧；

四、募兵本地：增進人民互信，有利戰備防禦；
五、籌備積貯：以備不時之需；
六、分設船廠：嘉慶末年，葉世倬就有了洋務運動，準備設立船廠。

當時臺灣的遊蕩無業人口極多，每到冬末歲暮，青黃不接時，就出沒搶劫，治安不佳。嘉慶二十五年底，葉世倬雖然已經獲旨補授江西按察使，但還未起行。

道光元年（一八二一年）二月，他已年七十歲，仍赴北路巡視。起先有人通報，有大盜糾眾搶掠，拿著兵器，逐漸迫近府城。局勢不明，群眾人心惶惶。葉世倬聽到有巨盜搶劫之事，先與文武議定，仍輕騎巡視北路，走了四十里路到茅港尾（臺南下營），這是府城到諸羅縣城南北官道的中繼站。有個武生因害怕強盜，平時就先與鄰舍約好，強盜一來，就守望相助一起殺賊。葉世倬知道武生的事，大加讚賞。

27 端木從恒《葉健菴先生年譜》，葉世倬《退思堂遺集》，收入《清代詩文集彙編》，冊四三二。
28 葉世倬〈暮春既望由臺灣內渡至廈門作〉，《退思堂遺集》。

葉世倬認為臺人受教育者寡少，無知會導致迷信而容易受騙，並陷在貧困當中，一定要從教育改變。他到臺灣後，拔擢優秀人才，送進海東書院就讀。道光元年，他離去時，特地寫下〈三月望日別海東書院諸生〉：「玉尺分衡到海東，始知海外有儒風。即今惜別紛歌詠，渾似三春花滿叢。」（時諸生多有詩送行。）[29]

意思是如果以選拔人才和評價詩文的標準來衡量海東書院學生，才知海外有儒學風範，現今要離別了，院生寫了許多惜別詩，讓人感覺像三月春花滿叢，溫馨美好。

雖然葉世倬在臺時間很短，但他有心端正臺灣風俗，改善人民生活，也是報答朝廷之恩。

## 哥既期待又怕受傷害

喜愛旅行的人很多，真正付諸行動的較少，不是工作、家庭、健康的羈絆，就是沒錢、沒時間。康熙時代要出遠門不是一件簡單的事，除了熱情、健康，還要有勇氣來探索臺灣。

## 徐懷祖

徐懷祖早在康熙三十四年就來到臺灣，比郁永河足足早了兩年。這個師爺對世界充滿好奇，很喜愛旅遊，二十多年來趁著工作到處趴趴走，河北、河南、山東、陝西、雲南等地，幾乎你想到的地方都走遍了。但到處走過、看過、待過，就沒來過臺灣，讓他感到遺憾，因此他說：「然觀海亦吾素志，慨然往焉。」[30]平生的大願就是追求擴大眼界、開展胸襟，抱著好奇心，慷慨呼喊：「臺灣，我來了！」

他搭著船渡海時遭遇驚險，他說在海面上「四顧無山，水與天際；仰觀重霄，飛翔絕影；蓋鳥亦不能渡海也」，連鳥都不能飛渡的海面，讓人心驚膽跳，有時風勢險

29 葉世倬〈三月望日別海東書院諸生〉，《退思堂遺集》。
30 徐懷祖著《臺灣隨筆》，臺灣銀行經濟研究室編《臺灣輿地彙鈔》。

惡時，船隻無法迴轉只能聽天由命，隨它在海面上亂飄搖。

有風時船飛快地逐浪而行，如果風平浪靜就慘了，無法動彈，船上的人只能在漆黑中，閒看天空中燦爛的星辰，分辨方位。「期待」的力量支撐他航海的勇氣，但最苦是茫茫海道中沒有繫舟的乾地，有時聽到相同航線上，其他船隻有人員遇難時，內心感到驚恐與震撼。

一路走走停停，好不容易來到臺灣，看到當地有很多高山與平原，有一些和中原不同的物產，如：波羅蜜，自荷蘭移種；大如斗，甘如蜜。香樣，大如雞子，味甘、色黃，其根在核；然不能如荔走長安也。照殿紅，樹甚高；花如巨觥，色紅無二。樹蘭，似珠蘭，然亦齊柯修幹。竹多叢生，節疏葉長；至冬則其葉盡落，及春後生，頗似江柳。象齒，有實可食。林茶，亦內地所無，惟鱗介之族，其形殊異者不可殫述。

他在中原沒看過的有以下幾樣：

一、荷蘭移植來的波羅蜜，很大又甘甜。

二、芒果像雞蛋一樣大，成熟時是黃色，味道香甜，可惜無法像貴妃愛吃的荔枝一樣送到長安。

三、照殿紅就是大紅色的扶桑花，樹長得很高，花大的像碗公。

四、樹蘭是有獨特芳香的植物。蔣毓英《臺灣府志》說：「樹蘭叢高成樹，花似桂，色黃，香甚清幽。」《諸羅縣志》則說：「樹蘭高者丈餘，有五葉、七葉二種。五葉者年止再開；七葉者稍細而香幽，年三、四開花，累累如黍米。」

五、刺竹多是叢生，竹節很疏、葉很長，冬天竹葉都掉光，好像江柳。

六、林茶就是林投，中原沒有，被拿來當園牆。至於象齒是一種樹木硬而直，有白紋如象齒，可以拿來當桷，久而不壞。[31]

七、有鱗有殼的水族類很多，形狀怪異的也很多，說也說不完。

徐懷祖在臺灣停留一年，並寫下〈臺灣隨筆〉，雖然只有近二千字，但可以一覽

31 陳文達《鳳山縣志．風土志》卷七。

當時清人眼中的臺灣。這是現今可見清人遊歷臺灣最早的文獻，甚至比郁永河的《裨海紀遊》還早。

## 郁永河

浙江的郁永河雖然是幕僚，但也是個冒險王，熱愛遊山玩水。康熙三十五年（一六九六年）冬，福州「榕城」火藥庫遇災爆炸，府庫存的五十萬斤火藥付諸一炬，康熙帝下令負責官員賠償。郁永河趁機自動請命到臺灣北投採硫，才有機會來臺。

依《裨海紀遊》記載，多年前曾到河北、河南一代訪友，如今卻有年老體衰之感，但還是充滿熱情勇氣前來。康熙三十六年（一六九七年）春，由福建出發經金門坐船，二月到達臺南安平，購齊採硫工具。

同年，郁永河到北臺灣開採硫礦時，友人曾勸他不必冒著生命危險親自前往，屬下也主張走海道。郁永河不怕瘴癘危險，堅持走陸路，五月親自率領團隊乘牛車北上，剛開始工匠、僕役便因為水土不服，一一病倒，只好另外招募人。不然就是遇到颱風雷雨、瘴癘之氣等，讓他狼狽不堪。終於克服萬難，由陸路抵達淡水，途經各個原民部落，六月抵達甘答門（關渡），在原民的協助下，至十月完成採硫與提煉的工作並離臺。他將在臺九個月經歷的事寫成《裨海紀遊》，是部詳細記載臺灣北部人文地理的專書。

他談到「臺灣的山川和內地沒有不同，我沒看過任何鬼物，但人卻常常生病，因為臺灣還處在洪荒時代，草木幽深茂盛，人煙稀少，瘴癘之氣日積月累很毒，一旦侵入人的肺腸，就容易生病，眾人都是染同樣的症狀」。[32]《鳳山縣志》說：「水土毒惡，歷任皆卒於官，甚至闔家無一生還。」[33]瘴癘之氣成為威脅遊宦之士生命的第一「殺手」。

郁永河初渡臺灣海峽中最可怕的黑水溝時，驚險萬分。他記黑水溝之險：「臺灣

32 郁永河《裨海紀遊》卷中。

33 陳文達《鳳山縣志．規制志．衙署》卷二。

海道，惟黑水溝最險。自北流南，不知源出何所。海水正碧，溝水獨黑如墨，勢又稍窳，故謂之溝。廣約百里，湍流迅駛，時覺腥穢襲人。……浩蕩孤帆入杳冥，碧空無際漾浮萍。風翻駭浪千山白，水接遙天一線青。回首中原飛野馬，揚舲萬里指晨星。扶搖乍徙非難事，莫訝莊生語不經。」

黑水溝非常危險，水黑如墨，形勢惡劣，水流又迅速。我坐著一艘孤船航行在萬里無際的大海中，在碧空下好像浮萍漂浮著，處處充滿危機與挑戰。黑水溝風翻浪湧，遠山海天一線，船隻順著強風前行，我回頭看中原，好像《莊子．逍遙遊》中「野馬塵埃」的比喻，船迅速破浪前行，隨著暴風與波浪，忽上忽下隨著風勢快速前行。好像莊子〈逍遙遊〉引《齊諧記》的話說：「鵬之徙於南冥也，水擊三千里，摶扶搖而上者九萬里。」當大鵬飛向南海時，雙翼一打水就激起三千里浪花，一展翅向上飛騰就達到幾萬里外的高空。千萬不要被莊子誇大並荒誕不經的說法嚇到，凡事親身經歷就知道了。

郁永河在臺期間，最害怕傀儡番的獵人頭。傀儡山位在屏東泰武鄉，他的〈土番竹枝詞〉記：「深山負險聚遊魂，一種名為傀儡番。博得頭顱當戶列，髑髏多處是豪門。」（深山野番，種類實繁，舉傀儡番以概其餘。）深山險地裡聚集一種叫傀儡番的遊魂，他們家門口如果多掛人頭，就算功績彪炳，也屬於富戶豪宅。讓人毛骨悚然，退避三舍。郁永河回到家鄉後，在《裨海紀遊》寫下旅遊感受：「再覩城市景物，憶半載處非人之境，不啻隔世，不知較化鶴歸來者何如？余向慕海外遊，謂弱水可掬、三山可即，今既目極蒼茫，足窮幽險，而所謂神仙者，不過裸體文身之類而已！縱有閬苑蓬瀛，不若吾鄉瀲灩空濛處簫鼓畫船、雨奇晴好，足繫吾思也。觀止矣！寄語秦、漢之君，毋事褰裳濡足也。」

回憶這半年來簡直是活在「非人之境」，能活著回鄉真恍如再生，再看到城市景物有如隔世，不知道和化鶴歸來的人有什麼差別。以前一直羨慕到海外旅遊，以為弱水可以隨手掬取，海上三山也可親自到達，現今已經親眼看盡臺灣的蒼茫景色，親踩幽險山勢，才知道傳說中的神仙，不過就是裸體紋身的番人罷了！縱使有閬苑、蓬萊、瀛洲三山仙境，都比不上家鄉水光瀲灩的溫馨與美麗，坐在簫鼓畫舫，處身雨中奇景或晴光美好，更能滿足我的思念啊！臺灣行是旅遊的最巔峰了。奉勸大家不要閒著沒事、活著無聊，就想提著衣服踏溼腳跟去探險啊！

雖然每個人來臺的動機不同，經歷有異，但留下的足跡與心得，同樣滋潤、澆灌這塊土地，帶來更多養分，讓後人了解前人的艱辛與開懷，不管讚嘆或貶抑，都無損這塊土地的美麗與光芒，讓人更驕傲能活在這裡，愛惜地土。

【第四章】

# 權力的象徵——澄臺、斐亭

我小一時，剛從高雄搬到臺南，還聽不太懂國語，後來才知道越區就讀的永福國小竟是清領時的道署。

胡適的老爸胡傳，字鐵花，曾奉調臺灣，辦理臺南鹽務，便將妻兒接到臺南。民國四十一年（一九五二年），胡適重返故居（永福國小），種下一棵榕樹，現場揮毫，留下「維桑與梓，必恭敬止」的墨寶，府城就是充滿人文氣息的地方。

康熙二十五年（一六八六年），臺廈兵備道周昌在道署後面建立「寓望園」，取自左史「疆有寓望」，[1]指邊疆（境）可以用來瞭望及送迎的樓館，暗指可用臺灣來衛戍邊疆。康熙三十二年，臺廈道高拱乾在寓望園舊址建造亭臺，四圍種著翠綠高聳的竹子，就名叫「斐亭」，是取《詩經．衛風》「菉竹有斐」的意思。[2]又在斐亭左邊建造「澄臺」，站在臺上遠眺，水澄天清島嶼勝景盡在眼簾，可以提升眼界、壯闊胸懷，聽濤聲洶湧可以解憂排悶，愉悅心靈，使賓客流連忘返，因此高拱乾選「澄臺觀海」、「斐亭聽濤」為最早的臺灣八景之二。

高拱乾還寫〈澄臺記〉：「余振綱飭紀，分揚清激濁之任焉；正己勵俗，有端本澄源之責焉。當風日和霽，與客登臺以望，不為俗累、不為物蔽，散懷澄慮，盡釋其絕域棲遲之嘆，而思出塵氛浩淼之外，則斯臺比諸『凌虛』、『超然』，誰曰不宜？豈得以文遜大蘇而無以記之也。」

說明仕臺任務在整頓綱紀，除惡揚善，有端正風俗、正本清源的責任。風和日麗時與客人登上澄臺，內心能「不為世俗牽累、不被物欲蒙蔽」，能澄靜思慮，除去遠離家鄉到遙遠臺灣仕宦的感嘆，撫慰遊子心靈，思緒還能跳脫紛擾的塵俗之外。他還很自負地說澄臺的功用，應該可以比擬蘇軾所寫的〈凌虛臺記〉、〈超然臺

---

1 《國語·周語》記載：「國有郊牧，疆有寓望，藪有圃草，囿有林池，所以御災也。」國家有專設的牧場，邊境有接待賓客的設施。窪地裡有茂盛的水草，園苑中有林木和水池，都是用來防備災害。

2 《詩經·衛風·淇奧》：「瞻彼淇澳，菉竹猗猗，有斐君子，如切如磋，如琢如磨。」看著茂盛的青青竹子是那樣修長美麗，「有斐君子」意指就在岸邊，青青的竹林旁，有一個文采彬彬的君子。

記〉，但豈能因為我的文筆比不上大文豪蘇軾而不記下造臺原因，所以造澄臺是有崇高的意義與目的。

乾隆九年，斐亭已經塌陷毀壞，巡道莊年重建，並作〈重葺斐亭記〉，他說登上澄臺「想見前哲之風流不墜」，然而亭子有時堅固、有時坍塌，就像人生有時興、有時衰，心中大有感慨。

乾隆三十年（一七六五年），斐亭與澄臺在風吹雨打下再度塌毀。臺灣知府蔣允焄重修澄臺，並往東邊遷建。直到嘉慶四年（一七九九年）和同治元年（一八六二年），斐亭與澄臺都曾有重新修復的紀錄。

光緒十五年（一八八九年），唐景崧重修「斐亭」，使風貌一新，閒暇則邀請幕僚、文士飲酒吟詩，並創立「斐亭詩社」，參加的人有唐贊袞、施士洁、林啟東、汪春源、蔡國琳等，引領海國風騷，一時詩社雅集風氣蓬勃。

光緒二十一年（一八九五年），「臺灣民主國」成立，司令部就設在巡道署舊址，僅一百五十天就滅亡。日治時期因政權移轉，歷經滄桑的斐亭與澄臺都拆除不存，只藏在府城記憶的深處。

當初造臺的目的是希望登上澄臺放眼四望，能滌盡塵囂、敞開胸懷。然而不是一般人都可以隨意登上澄臺、斐亭，也不是一登就能寵辱皆忘，有不因物喜、不以己悲的情懷。對普羅大眾而言，澄臺高不可攀，只是景仰、羨慕、遠觀的目標，能登臺的人不外乎官員、權貴，因此「澄臺」、「斐亭」就變成權力的象徵。[3]

巡臺御史六十七曾登覽過，他說：「臺郡自赤嵌城外，殊少高明眺望之處。前觀察高君拱乾，於署後築澄臺以望海。余嘗登其上，遠則東溟景象，豁然心目；近則煙雲沙鳥，皆在襟帶間，為登臨最勝處。」[4]

府城本來就地處嘉南平原，自赤崁城以外，少有高處可登覽遠眺，以前高拱乾在

3 李知灝〈權力、視域與臺江海面的交疊——清代臺灣府城官紳「登臺觀海」詩作中的人地感興〉，《臺灣文學研究學報》，十期。

4 六十七《臺海采風圖考》卷一。

道署後面建造的澄臺可望見大海。六十七曾登到臺上，眼見東邊海的景象，心胸豁然開朗，近方可以看見沙鷗翩翩、煙雲在天，都在山河險要之間，這是登高望遠最美好的地方。

乾隆二十八年，朱仕玠調任鳳山縣教諭（教師）。他曾因閱完試卷，被臺灣分巡道覺羅四明召請進入道署。他說澄臺約有一丈五尺高，寬一丈多。放眼一望海濤好像都在席下翻騰洶湧，斐亭就在澄臺北邊。

官員有榮幸登澄臺遠眺，在斐亭聽濤作樂，雖然眼見海中美景，但國勢、時間、官位不同，心裡所想更是大大不同。國勢強盛時，掌權者以領導視角宣告主權得勝；國勢稍弱或官員仕途不遇時，在臺上自我省思，心中期望更上一層樓，或是趕快回到朝廷。所謂「觀海」不過是個幌子，像一面照妖魔鏡，不僅無法「超然」，反而不小心照射出內心的真面目。

## 哥真想超越塵俗

建造澄臺主要是安慰在外做官的人，可以滌盡塵囂「不為俗累、不為物蔽，散懷澄慮」，每個人都能自由自在地活著，但大部分登臺的人各懷心志，有的藉觀海來歌功頌德、有的自我反省，是否盡忠職守，只有少數能「思出塵氛浩淼之外」，超越世俗。

臺廈道陳璸一登上澄臺，眼見滄海之勝都在眼前，頗有感慨，寫下〈澄臺觀海〉：「澄清有願獨登臺，浩浩乾坤一望開。波浪兼天生渤澥，風雲匝地變塵埃。胸中邱壑休言小，物外煙霞詎用猜。海上神山原不遠，此身彷彿到蓬萊。」

陳璸已經是臺灣文職最高官，住久後發現臺灣沒有傳說中可怕，放寬心登上澄臺，期望眼前所見正如臺名一樣，萬頃無波水面澄清，一望無際讓人心胸開闊，突然滄海波浪翻騰，風起雲湧，海面壯闊，風雲接地化為塵埃。胸中自有深遠廣大的思慮，物外的煙霞也不用猜測。在澄臺看到大海，終於體會海上神山離我不遠，彷彿身在蓬萊仙山中，已經擺脫世俗功名的羈絆，不被物欲掌控，達到身心安頓的境界。

陸廣霖，江蘇武進人，乾隆四年進士。乾隆八年從寧化知縣調到彰化，沒多久因為寧化（福建）有黨民危害鄉里，惡勢力極大的案子延遲呈上，朝廷請求定案，因此被革職。經過總督、巡撫連連上奏請命，乾隆十一年六月，皇上下旨回任彰化知縣任用。乾隆十三年（一七四八年），以知縣身分護理臺灣府淡水撫民同知一職，後調任順昌縣知縣。[5]

彰化剛設縣時，監牢空空的，官吏閒得無事可做。等廣霖到彰化任職，一天到晚都有互告訴訟案，尤其以偷牛、殺人的案子最多。廣霖以公正不阿的心認真問訊，一點都不覺得疲累。

彰化地理遼曠，城外虎尾溪畔常為罪犯逃亡時躲藏的巢窟，他認為這樣不妥，會成為治安的灰色地帶，請朝廷多設一個縣吏幫忙彈壓暴民、維持治安。

臺灣多漳、泉地方移居來的人，平素就看對方不順眼；話不投機就持刀槍械鬥，且趁亂恣意搶劫。一日，陸廣霖有事到淡水，泉州人趁縣令不在，藉機在市上攻擊漳州人，大家嚇壞了；陸廣霖一接獲消息立即騎快馬奔馳，趕回縣裡，苦口婆心委曲勸導，兩方的人馬才心悅誠服，握手言好。

臺灣巡道認為彰化多鴨寮，康熙年間曾有朱一貴起事，他就是養鴨人，便下命要好好處理。陸廣霖認為不應因噎廢食，他說：「養鴨是人民賴以為生的職業，千萬不可以禁止。如果耕田者反叛，難道就要廢除耕田嗎？只要多觀察他們的年齡容貌、鄰居互相關照就夠了。」

乾隆十一年六月，他回任臺灣府彰化縣知縣，登上澄臺，心靈得到澄靜說：「煙波縹渺水漫漫，高閣登臨面面寒。收拾崑崙千派合，劃開江漢四圍寬。塵氛不向聾靈發，寰宇全歸掌握看。憑眺頓教心地遠，擬將浩瀚寫毫端。」

經歷一些政壇起伏，刁民作亂，站在高高的澄臺上，看到水波漫漫、煙霧茫茫，頓時覺得一片寒涼。高臺上看到所有高山都聚合，已經劃開江漢，放眼四周寬廣，消

5 《清史列傳．循史傳．陸廣霖》卷七十五。

除一切紛紛擾擾。全世界都呈現在自己的掌握中，當時觸目所及都能讓心眼廣遠開闊，真想把這麼浩瀚遼闊的景象用筆寫出來。

## 哥毫不掩飾地拍馬屁

官員站在澄臺上，一望無際的滄海藍天，本應超脫世俗，洗滌思慮，提升心靈。但活在官場，掌握權力，衣食無缺，前途似錦，心中很滿足，感受到的是，有今天的成就都是朝廷的恩澤、皇上的厚賜。在觀海中第一個想到的是要「感恩皇上」、「讚頌皇上」、「讚美朝廷」，讓皇上開心。

澄臺是高拱乾所建，落成之後，他展現報國心志，有感而發寫下〈澄臺觀海〉：

「有懷同海闊，無事得臺高。瓜憶安期棗，山驅太白鰲。鴻濛歸紫貝，腥穢滌紅毛。濟涉平生意，何辭舟楫勞。」

高拱乾與僚屬在澄臺上觀海，心中意氣風發。康熙時期國勢鼎盛，他自認胸懷比海寬闊。臺灣剛從紅毛手上收回，正承平無事，物產富饒。眼前一片波光粼粼，澄臺上擺設佳果，歡飲暢懷。看見臺灣生產碩大的西瓜，好比先秦時安期生遊仙山蓬萊，所吃大如瓜的巨棗。詩人李白曾自號海上釣鼇客，臺灣這塊島嶼浮出東海，就像被太白金星斬下的鼇魚頭幻化而成。他極目空闊的滄海，看到現在已經滌盡紅毛國留下的腥穢。紫貝貢闕都已歸版圖，自己受朝廷付託，身膺重寄，發願「濟涉平生意，何辭舟楫勞」，不辭辛勞渡過黑水溝來到臺灣，主要目的就是達成一生志向，努力治理臺灣。

王璋，字伯昂，明代遺老王忠孝之侄孫，很難得的是他是臺灣縣人。當時各省鄉舉，照往例都有一定的名額。康熙二十六年（一六八七年），奏准臺灣另編臺字號，錄取舉人一名。王璋在鄉里中被推舉，為本縣士人考中鄉試的開始。臺灣縣能高中舉人，就是康熙三十二年，從王璋開始。

那時臺灣剛入清版圖，沒有修府志，王璋平時在家中就收藏很多資料文獻。康熙三十四年，巡道高拱乾建議修府志，聘王璋擔任分修。王璋與邑貢生（秀才送到太學肄業的人）王弼、生員（秀才）張銓等十四人，進入局中任事，能完成修史的重要任務，保存臺灣文獻，所以說王璋大有功勞。

此後王璋奉派雲南宜良當縣令，他潔己愛民深得百姓愛戴；可是遭逢母親去世，要回鄉守喪。雖然雲南百姓數千人呼籲他留於雲南，只見王璋穿著素服，從偏僻的小路抄捷徑回家。等到服完喪，被朝廷起用任湖廣房縣知縣。不久陞部主事，因為他耿直著名，遷為監察御史，最後卒於官。

康熙三十二年，他剛中舉，分修《臺灣府志》時，登上澄臺作〈澄臺觀海〉：「指顧層臺上，澄清竟若何。大都天地闊，不辨水雲多。棹轉爭飛鳥，宵鳴聽巨黿。此時無限意，萬里壯關河。」

登臺遠望，迅速地望向大海。天地竟然如此寬闊水面澄清，當船划動時，天上紛飛的飛鳥或夜晚巨黿的聲音，此時只感受到關河壯闊，氣勢宏偉，國勢昌隆，多期待自己的努力有成果。他的〈斐亭聽濤〉：「伐竹搆江亭，深宵聽浪聲。隨風疏欲斷，和月到無情。忽訝琴書冷，真從几案生。波臣應共語，籍籍頌高清。」

砍伐竹子來建造江邊的斐亭，在深夜中聽到海浪滔滔的聲音。隨著風勢幾乎聽不到稀疏的聲音，歲月流逝是無情的。驚訝琴書忽然變冷清，純真的思緒從讀書中產生，現在連水中生物都要眾口喧喧、大聲歌頌時局清明。

康熙四十八年（一七〇九年），調補臺灣縣丞的張琮，一登上澄臺充滿感恩，他的〈澄臺觀海〉：「海上層臺俯四隅，縱觀觀止百川輸。波光耀日連天有，蜃氣成樓到地無。潑眼昔曾吞夢澤，盪胸今更挹冰壺。微軀薄宦重洋隔，欲叩君恩仗吸呼。」

張琮正八品，地位比較卑微，登上澄臺一望水波連天，海疆拓土到地極，心中充滿感恩。眼見大海翻騰可以滌盪胸襟，讓內心更冰潔。想到微小的自己竟能遠隔重洋到臺灣做官，除了「讚嘆皇恩」、「歌頌皇恩」，想要「叩求君恩」，都要仰仗君王的恩寵。

康熙時期國強勢大，當皇上賜下職責，要守護臺灣，海外官員們一登上澄臺，馬上趁機表達效忠職守，這樣的詩文最容易傳到皇上耳裡，也最能流傳。

## 哥有良心能自省

極少數來臺當官的人會自省治臺成果，康熙年間國勢太強大，官員們登澄臺、斐亭，好像都是歌功頌德，讚美皇朝，等著任期時間到就回去升官，沒有在詩文中表達自我反省與檢討治績的事。

乾隆二十二年（一七五七年），覺羅四明擔任福建臺灣府知府。覺羅四明屬於滿洲正藍旗，是皇室後裔，有這樣身分的貴族，腰間可繫紅帶彰顯身分，所以稱「紅帶子」。他為人「尚樸實，辦事亦勤」，又「謙恭好士，退食之暇，留心詞賦」。他在臺灣知府任內，疏浚鳳山縣茄藤港，並明定歲修一次；增建府城城隍廟，設崇文書院，有〈新建崇文書院〉記。乾隆二十六年（一七六一年），升任任福建分巡臺灣道。

乾隆二十七年（一七六二年），覺羅四明認為海東書院既然是「全臺文教領袖」，但書院面積實在太小，名不符實，因此搬遷到整修後的原校士院（考棚），擴充設施並徵聘名師來院主講。他寫有〈改建海東書院記〉、〈重修道署記〉等，重新勘定海東書院學規。

覺羅四明除了講究教育，也注重休閒，他在斐亭西邊加蓋宜亭，旁邊還種植檳榔十數株。風晨月夕，景物清致，與斐亭相掩映，好像活在塵外，亭子如今已經毀壞。

覺羅四明在臺任期將滿，鳳山教諭朱仕玠寫〈海東頌八章〉獻給他，稱頌他「有恇其威，而傴其惠河潤九里，滂澤日繼」，說人們敬畏覺羅四明的威嚴，也領受他的恩惠；他真是恩潤九里，德澤不斷。

覺羅四明登上澄臺想到受皇上重託職責重大，常自我警惕，所以寫下〈登澄臺遠眺〉：「登臺披素抱，極目惕深衷。鹿耳雄關險，鯤身鐵鎖崇。湯湯洪浪渺，靄靄白雲蒙。報國慚才菲，丹誠竭海東。」

他懷抱著平生的抱負站在澄臺上，極目四望看到鹿耳門雄踞著關險，鯤鯓等眾沙洲好像鎖鏈著島嶼，在靄靄白雲下，眼見滾滾海浪，自我省思慚愧因才能菲薄，期待能盡心竭力護衛著臺灣。他還有〈斐亭聽濤〉：「繞屋千竿掩映，飄空萬派汪洋。濟川我愧無具，但願海波不揚。」

這是一首六言詩，寫在綠竹圍繞的斐亭下，看到汪洋一片，想要渡過川流，讓我深自慚愧無有才能，只能期待海波平靜，沒有興風作浪，國家安定。

同治時的臺灣道吳大廷，字桐雲，又字雲軒，號小酉腴山館主人。少年就嶄露頭角，改革鹽政有功，因此升任臺灣兵備道。一到臺灣就發布〈通飭各屬潔清自愛各抒己見箚稿〉、〈曉諭全臺軍民士商示稿〉、〈訓士告示〉等文告，整頓風紀，革除陋規，清理積案。

在臺灣任上成功處置兩件大案：

一是陳文殺害官員案。臺灣彰化有犯罪者拒捕並殺死官員，長期無法破案，後來抓到名叫陳文的嫌疑犯。官府想要以首犯處決他，但陳犯泣訴是冤枉的，吳大廷重新檢視卷牘，發現首犯叫陳魯，陳文只是從犯，罪不當死，於是駁回再審。

另一件是丁勇調戲婦女，被當地民眾打死案。官方抓到一名參與毆打的嫌犯，想要處死他。吳大廷認為法律有故殺、擅殺和誤殺的分別，認為這個案件是群毆致人死亡，不是故意殺人，應以誤殺論處。吳大廷對待死刑案非常謹慎，對處理其他公務也是以謹慎、慈悲為懷。

例如「瑯嶠事件」（又稱「羅妹號事件」），因美國輪船「羅妹號」在琅嶠（恆春）洋面遭遇風暴，船體受損毀，船主人等登岸時被臺灣原民殺死十二人，領事聲稱美國欲興兵報復，氣勢洶洶。有些官員畏洋人如虎，而部分軍人又貪功，想要舉兵征剿。吳大廷提出「生番不可剿，夷人不足畏」，並寫下不可征剿的五大理由，力主和議，因而忤逆上司。由於吳大廷的堅持與肯擔當，事件最後以和議解決，避免流血事件。

吳大廷學殖深厚，友人稱讚他「忠愛之意，每飯不忘」。[6]他常自我反省，同治六年（一八六七年、丁卯年），他在〈澄臺觀海〉（東瀛八景之一，在道署內）說：「百年遺構此澄臺，取次登臨倦眼開；海色遠隨朝日霽，濤聲高壓晚潮回。揚舲何日騎鯤去，攬勝曾經戲馬來。永念烽煙清島嶼，艱難慚負濟川才。」

6 劉瑞芬〈小西腴山館詩集序〉，吳大廷《小西腴山館詩集》。

登上澄臺這個經過百年的建築，讓我眼界大開，放眼望去天朗氣清，濤聲晚潮來回沖擊海岸，我曾在此攬勝馳馬取樂，但何日才能揚起船帆騎鯤而去。要永遠記念不再有戰爭的臺灣島，真慚愧要肩負治國英才的責任，這重任實在很艱難。

這些都是比較能自我反省的臺灣道，不過反省完就離開了，三年一任，官場匆匆忙忙，事實上沒有多大改善。

## 哥想早日回朝廷

孫元衡不僅不想來臺灣，更期望早點逃回中原，在臺灣混久了，有時在詩中會忘我地融入這裡，但一登上澄臺，又自然顯露真我，說出自己的心事。康熙四十五年，他登上澄臺，馬上產生許多感受：「天光投白浪，山勢盡蒼煙。借問中原路，奔騰落日邊。」

登臺遠眺時，他看見陽光照射在白色的海浪裡，群山都籠罩在蒼煙當中，突然很想念千山萬水外的家鄉，毫不掩飾地說：「老天啊！請問回到中原的路到底在哪？」應該是在奔騰的落日旁邊，很遙不可及吧！一心只想快快回中原。

朱仕玠，福建人，幼敏慧，少遊太學，乾隆十八年（一七五三年）拔貢生。朱氏精通古今之文、通經史百家之書，尤工詩，與弟朱仕琇同遊京師，在京期間頗有名氣。壯年時有渡黃河，遊歷吳、楚、越、宋、齊、魯等地的經歷。

很不幸，他此後屢試不中，近五十歲才以明經科擔任德化教諭。乾隆二十八年六月，從德化教諭調任臺灣鳳山教諭。次年夏天，因母親過世而回鄉。後被任命為河南內黃知縣，未到任而逝。

他一生可以說懷才不遇，遇到科舉不順，功名不遂，再怎麼努力就是不得志。他的作品極多，以乾隆三十一年（一七六六年）刊行的《小琉球漫誌》為其重要作品，這本書是他任職鳳山縣閒暇時所寫，記錄臺灣的山、川、風、土、昆蟲、草、木、風土有異於中國的地方。大量記載個人所見所聞外，也考察了康、雍、乾三代對於臺灣的書寫資料，各郡邑方志等作品。

他遊歷四海、視野寬廣，卻有志不得申，又遠到臺灣，思歸的心是擋不住的，他在〈澄臺觀海〉：「海上棲遲及早秋，登臺騁望思悠悠。常虞雷雨從空下，始信乾坤鎮日浮。淡漫由來圍赤嵌，蒼茫何處問舟邱。乘槎便欲從茲去，憑占星文入斗牛。」

乾隆二十八年六月，朱仕玠來到臺灣已經是初秋時分，登上澄臺放眼四望、思緒悠然。雷雨從天傾盆而降時，才讓人相信天地的確是漂浮在宇宙中。大海圍繞沖打圍繞著赤崁城，在蒼茫中何處去尋問船隻呢？想要憑著一紙占星文，乘坐著小舟從這裡出發，進入一望無際的星海中。登臺望遠思念故鄉，懷才不遇之心油然升起，極欲尋覓舟楫從此渡海而去。

這些登上澄臺觀覽的官員們，不管從康熙到乾隆、道光，藉登臺抒發頌揚朝廷與想回故鄉與的心，才是他們真正的心聲。

【第五章】

# 臺灣的智慧——天然的城牆

現代人家裡的大門都要鎖上好幾道，住大樓的門戶森嚴，除了管理員外，有的上下電梯也要刷卡，還要裝監視器，深怕陌生人隨意闖入，危及財務與生命安全。

城牆是用來保護百姓，你一定沒想到臺灣以前沒有城牆，難道府城治安好到可以不用城牆？其實這是無可奈何的事，因為清廷對臺灣心存疑忌，禁止築城。

康熙二十三年，諸羅知縣季麒光來到臺灣，由於沒有城牆，城內竟可一覽無遺，真是奇景。他認為城牆是用來保衛官民，當時還有很多「餘兵逋寇，逃犯奸民」，[1]為何臺灣沒有城牆？如何保護官民安全？清廷根本置之不理。

康熙六十年，朱一貴事件爆發後，曾有提督姚堂上奏康熙請求築城，仍然不准。巡臺御史黃叔璥到臺灣前，跪聽康熙教訓：「臺灣斷不可建城。去年朱一貴無險可憑，故大兵入鹿耳門，登岸奮擊，彼即竄逃；設嬰城自固，豈能克期奏捷？」[2]理由是因臺灣沒有建城，匪徒朱一貴們逃竄時，就沒有屏障；當清兵進入鹿耳門奮戰時，朱一貴們四處竄逃，假如有城牆掩蔽，怎能在限期內很快地戰勝。到了雍正帝也說：「臺灣變亂，率皆自內生，非御外寇比；不但城可以不建，且建城實有所不可也。」[3]

意思是你們活該，誰叫內亂都是自找的，不是外敵入侵，城不必建造，更不可興建。康、雍、乾三朝對臺灣一貫主張「不築城」的政策，臺灣一府、三縣都沒有築堅固城牆。

被統治的臺灣人只能逆來順受，像在隧道中等待曙光，不然能怎麼辦？不過老天給臺灣人夠聰明、夠智慧的潛能，窮則變，變則通，通則久。被欺壓時忍耐，被漠視時沉潛，被惡整、被刁難時，動點腦就地取材找出路，靠著老天賞賜的刺竹、刺桐、綠珊瑚、林投等做為保護身家安全的圍籬。

1 季麒光〈條陳臺灣事宜文〉，陳文達《臺灣縣志》。
2 黃叔璥《臺海使槎錄》卷一。
3 范咸《重修臺灣府志・規制・城池・附考》卷二。

## 密插刺竹以為牆

明朝陳第曾隨名將沈有容到臺灣，他寫的〈東番記〉描述臺灣島「刺竹非常茂密，有幾丈長，砍竹造屋，在上面鋪個茅草就可住人了」。[4]

康熙三十六年，郁永河來臺採硫時，看到刺竹多得嚇人，寫下《裨海紀遊》說道：「整個郡城沒有樹，只有茂密的綠竹最多，高大青翠不輸給渭水與淇水濱附近的竹林。可惜就只有一種刺竹，一長就數十竿，節節有刺，人進入刺竹中，沒有不被刺傷的。縱使遇到竹林七賢中能讓化解心靈的阮籍、嵇康，也無法攜手進入刺竹林。」[5]

放眼望去一片碧綠，郁永河看到臺灣郡城好像被刺竹包圍起來，數十竿的刺竹，每節都有刺，人根本無法進出，這種多刺的竹林當圍牆最合適，可以擋住企圖入侵者。他的〈臺灣竹枝詞〉很寫實地說：「編竹為垣取次增，衙齋清暇冷如冰。風聲撼醒三更夢，帳底斜穿遠浦燈。」

一叢一叢的刺竹好像編成臺灣的城垣，每一層依序加增保護力。衙門內清閒無事，我坐在裡面涼涼沒事做，誇張一點說，衙門閒得像冰窖一樣冷清。有時半夜被風聲吵醒，因為官署都沒有垣牆，只有插刺竹當作圍籬，水岸邊遠遠的漁火都能透過竹縫照進帳底來。他又寫：「惡竹參差透碧霄，叢生如棘任風搖。那堪節節都生刺，把臂林間血已漂。」

這裡到處長滿霸氣凶惡的刺竹高聳入雲霄，成叢、成堆的刺竹好像荊棘在風中搖晃，每一節都長出刺，宣示這是我的保護區，誰敢進來就讓他血流成河，刺竹成為每一家的警衛。

首任巡臺御史黃叔璥來臺，在《臺海使槎錄》描寫原民的房子都是架竹為梁，編竹為牆，聚落的周圍都是種植竹木，可見當時臺灣到處是綠化。

4 陳第〈東番記〉，沈有容《閩海贈言》。

5 郁永河《裨海紀遊》卷上。「郡治無樹，惟綠竹最多，一望猗猗，不減渭濱淇澳之盛。惜其僅止一種，輒數十竿為一叢，生筍不出叢外，每於叢中排比而出。枝大於竿，又節節生刺，人入竹下，往往牽髮毀肌，莫不委頓；世有嵇、阮，難共入林。」

雍正元年（一七二三年），臺灣知縣周鍾瑄開始以木柵建城牆，還在城門栽種刺竹保護。由於雍正十年（一七三二年），吳福生在中部作亂，[6]第二年福建總督郝玉麟認為建城牆要花太多錢，奏稱皇上要因地制宜，在木柵城外加植刺竹，藉以強化城防。雍正二話不說，馬上硃批「好」。

乾隆十年，巡臺御史范咸來臺巡視番社時，眼見番社都是「築土為基，架竹為梁，葺茅為蓋，編竹為牆，織蓬為門」，彰化縣「大肚諸社，屋以木為梁，編竹為牆，狀如覆舟；體制與各社相似」。[7]當時不僅府城和各番社居民會以刺竹當圍牆，做為鄰里的屏障，他寫給哥哥范保昌的詩說：「繞籬刺竹插天青，小草幽花未有名。冷食裸人占夏雨（社番祈雨，則不舉火），水田黎婦盡春耕（番人惟婦耕，男子則饁）。」[8]

范保昌在雲南寫了十二首〈滇昌雜詠〉送給正在巡視臺灣的范咸，范咸也介紹臺灣原民習俗來附和哥哥的詩。他說臺灣把高大的刺竹當成圍籬，圍繞著木柵門，一片青翠中開著不知名的花，原民們光著身子，為了祈雨而占卜時，照規矩不舉火，僅吃冷的食物。因為是母系社會，春天都是婦女耕田，男子負責送飯。他又寫〈三疊

〈奏報臺灣地方栽種莿竹事〉

臺江雜詠〉：「木城環拂綠雲堆（木城內悉植刺竹），二月寒蟬聲已催。」[9]說明府城城牆以木造，木城中全是種植刺竹，二月時已經聽到寒蟬聲催叫，刺竹成為城市的遮護。

乾隆二十五年（一七六〇年）左右，鳳山城郭都是種植刺竹、綠珊瑚做為屏障，也有以刺竹編成籬笆。乾隆時王瑛曾在《重修鳳山縣志》說：「按鳳處東南，地兼山海……城郭村莊，刺竹、珊瑚屏障；鄉閭洲麓，覆茅、編竹室廬。」[10]

---

6 吳福生事件：指原籍福建漳州之吳福生遷住鳳山縣，終日不事生產。由於曾參加朱一貴事件，加上素常與羅漢腳往來，引起官府起疑。得知自己被關注，他內心不安。適逢一七三二年大甲西社的平埔族起事，臺灣營兵多被抽調至中部平亂。吳福生便挑此時機，與熟識的五名友人相約起事。

7 范咸《重修臺灣府志・番社風俗・彰化縣》卷十五。

8 范咸〈保昌家十八兄以〈滇昌雜詠詩〉十二首見示，次韻卻寄〉十二首之七。

9 范咸〈三疊臺江雜詠〉十二首之十二。

10 王瑛曾《重修鳳山縣志・輿地志・附錄》卷一。

稍晚來的朱景英《海東札記》也說：「郡無城郭，四周樹柵，藩以竹木，望之深鬱。」[11]郡城仍是圍以木柵，再植上刺竹，看來都是翠綠深鬱。

到了乾隆二十八年，朱仕玠從德化教諭調任臺灣鳳山教諭時，還是沒有城郭，他描繪說：「遙望臺灣，不見民居；一帶青碧，無城郭。惟四門設城門，累以巨石，約寬數丈；其餘周遭樹木柵，柵間疎闊，人恣出入。遍植刺竹、莿茶、綠珊瑚之類，蓊鬱蕭森，恍若入深谷矣。」[12]

朱仕玠搭船來臺時，沒看到什麼人，從船上看臺灣的木柵門太寬疏了，人們可以任意出入，根本沒有保護作用。在縫隙的地方種植刺竹、綠珊瑚、林投等有刺、有毒植物來保護居民，在一片綠意中，恍惚進入深谷當中。

朱仕玠又說：「刺竹的特點是累生，且有大小不一的倒刺，可以勾刺外物。竹鞭是指竹子細長的地下莖橫走於底下，竹鞭上有節，節上生根，稱為鞭根。刺竹是不走鞭的，只在根的周圍長芽，迅速破土猛長成竹筍，成長速度超驚人，長成後幾乎沒有空隙。竹的巨根盤結，有的高到數丈，因此臺灣人用刺竹來代替城牆。」[13]

但一片綠看久了很單調，寂寥的異地生活讓他感到無聊寂寞。他說：「不見飛花似雪飄，惟餘刺竹伴無聊。」[14]一片無聊中沒有見到故鄉像雪飄飛花的浪漫，只剩下遍地的刺竹無聊時相做伴。

乾隆四十年（一七七五年）渡臺，就任臺灣知府的蔣元樞曾重建臺灣府木城，他有〈重建郡城碑記〉：「歲乙未，余來守郡，甫至，輒籌所以繕葺之者。……就舊柵周遭增植之，洞其中而加崇焉。列樹木之有槎枒者，實洞腹以刺竹，視舊倍稠，內外各通一道，以便巡邏。」[15]

---

11 朱景英《海東札記．記氣習》卷三。

12 朱仕玠《小琉球漫誌．海東紀勝》卷二。

13 朱仕玠《小琉球漫誌．海東紀勝》卷六。

14 朱仕玠〈尸位學署岑寂無聊泛泛隨流跡近漁父每有聞見輒宣謳詠因名瀛涯漁唱〉，一百首之六十二，《小琉球漫誌．瀛涯漁唱》卷五。

15 蔣元樞〈重建郡城碑記〉，謝金鑾《續修臺灣縣志．藝文》卷七。

蔣元樞來到臺南府城，發現經過多年，木柵牆的木頭都已經在風吹雨打中朽壞，籌錢來重建臺灣府木城，整飭海防，修建多處砲臺，在樹木的槎枒間，以刺竹來充實，更加緊密，增強防範。

道光九年（一八二九年），鄧傳安〈捐造淡水廳城碑記〉曾說：「因為淡水廳治離郡城有三百里遠，當初都是植刺竹圍來保衛家產，所以命名淡水廳治為竹塹。」[16]城用刺竹圍住叫竹圍，現在臺灣還有許多村里命名竹圍，如南投縣名間鄉、彰化縣埤頭鄉、屏東縣內埔鄉等地的竹圍村。捷運淡水線就有竹圍這個站名，可以想像以前這些地方一定都是以刺竹當藩籬。

清廷統治臺灣的二百多年間，一共有十一座以刺竹做的城圍。包括雍正十一年興建鳳山舊城、臺灣府城、諸羅縣城、彰化縣城、淡水廳城等五座刺竹城；還有陸續興建鳳山新城、噶瑪蘭廳城、埔里社廳城等，可見刺竹對臺灣有著重大貢獻，被當成重要城圍，最盡職的守衛。

## 種刺竹來贖罪

三國有位住在廬山的醫生董奉，為病人治病都不接受報酬。治好重病的患者，讓他種植五棵杏樹；治好輕症的患者，讓他種植一棵杏樹。等杏樹成林，這是病人對醫生的感恩，傳為佳話。

清朝官員竟有用種刺竹來贖罪的妙計。現今的法律，犯輕罪可易科罰金，就是被告繳錢給國庫，不用入獄服刑（以錢換自由）。清初府城不設立城牆，百姓沒有城牆保障，早期補救辦法就是種植刺竹當防禦工具。

康熙末年，藍鼎元隨著堂兄南澳總兵藍廷珍入臺平定朱一貴之亂，此後他想出一個妙計，府城要種植刺竹來保護人民，需要工人與工資，耗人耗財，想要白手空拳為國家設險守禦，實在是難事，只有另出妙招，找行為有過失且已被判刑的對象充當工人。[17]藍鼎元的建議是：

16 鄧傳安〈捐造淡水廳城碑記〉，陳培桂《淡水廳志》卷十五，附錄一。

17 藍鼎元〈與吳觀察論治臺灣事宜書甲辰〉，《平臺紀略》。

一、輕罪應責者，每被審判要打一大板的人，准許種竹五株來自贖，判二十大板者要種百株。犯罪情節重大，應「披枷帶鎖」的人，種二百株也准免。

二、種不種刺竹，必在臨刑時親詢犯人有能力且心甘情願，不能勉強，順其自然。

三、刺竹容易生長，一根截成三段種下，都可以存活，所以罰他們多種不成問題。

從這件事可見刺竹當時對臺灣的重要，比捐錢（易科罰金）還更需要，直接用刺竹來保護居民的生活安全。

## 千樹刺桐紅似火

### 臺南古稱刺桐城

康熙時臺南府城最耀眼的是刺桐花，三、四月時樹梢上怒放著辣紅，整座府城的天空像火燒一樣，所以府城古稱「刺桐城」。刺桐不僅帶來熱鬧春意，也成了群鳥訪花尋蜜的天堂。現在孔廟對面的府中街（孔廟魅力商圈），兩側仍種滿刺桐，又叫刺桐花巷。

刺桐，又名莿桐，樹枝有黑刺，葉子好像梧桐葉，花朵豔紅碩大，像雞冠一樣驕傲地站在枝頭上，長得很高大，垂蔭如梧桐。

康熙三十六年，第五任總兵王萬祥因「臺無城郭，以竹柵為營」，教百姓在總鎮營盤（全臺最高軍事指揮中心）「四周遍植刺桐，儼成壁壘」。[18]

康熙五十九年（一七二〇年），陳文達在《臺灣縣志》說：「總鎮營盤，在鎮北坊，遍植莿桐，環以木柵，東西南北，各建草樓。夜則撥兵輪守，以司啟閉。」藍鼎元隨堂兄南澳總兵藍廷珍入臺平定朱一貴之亂，考慮百姓安全，建議如果能力不及，就暫時築木柵做為城內外的遮蔽防禦。如果行有餘力，就在刺竹外面留三、五丈，另外再加種刺桐，就可以成為二重木城，抵禦敵人。所以府城附近種滿刺桐，春天枝頭一片紅通通。

18 史貽直〈王萬祥太子少保敏壯王公傳〉，《碑傳集》卷一一四。

康熙四十五年春，孫元衡看到府城滿開的刺桐豔紅嬌麗，眼睛一亮，寫下：「紅刺桐花圍郡邑，碧篔簹筍拂滄浪（筍稍下垂）。」[19]整座府城被紅色的刺桐花圍滿，還特地注解府城叫「刺桐城」，刺竹圍繞府城長出的竹筍，稍微下彎就好像輕拂水面，滿眼紅配綠，春意盎然。

孫元衡在臺南住久了，稱讚刺桐花「色紅如火，環繞營署，春仲始花，一望無際，實為臺郡大觀，故稱刺桐城」。營署旁都種滿刺桐，一望無際，整個府城就像一團火焰在樹梢燃燒，又像一串串熟透的紅辣椒掛在頂上，恣意怒放它的鮮豔亮麗。他歌詠〈刺桐〉：「春色燒空到海涯，柳營繞遍又山家。崑崙霞吐千層豔，華嶽蓮開十丈花。」

他形容春天時刺桐好像在天空燃燒，一直連到海邊，刺桐圍繞著整個軍營直到山邊，好像崑崙山上吐出千層豔麗的彩霞。五嶽中的西嶽因峰巔有巨石形狀好似蓮花瓣，又稱為蓮花峰，也像蓮花峰開出十丈花朵，何等美麗。

孫元衡到臺灣三年，沒有初來時的恐懼感與神經質，已經稍微適應當地生活，且醫治好失眠症與憂鬱症。他開心地說：「疏懶不愁魚鳥笑，刺桐城裡得安眠。」[20]府城生活過得平靜慵懶，不愁魚鳥嘲笑，晚上不用失眠，可以讓人安心睡覺。

康熙時在臺灣從事文教的潘鼎珪，看到滿城刺桐花，嘖嘖稱奇，歌詠〈刺桐花〉說：「東瀛若木噴奇觀，吐蕊鋪朱刺眼寒。映日疑凝千滴血，烘雲全迸一團丹。」刺桐花開好像是神話中的樹木噴出奇景，花蕊吐露出刺眼的朱紅色，有如千滴血凝聚在天空，渲染雲彩蹦出一團朱紅。紅色代表喜慶、熱情、生意盎然，營造出是吉祥與歡樂的城市。

乾隆時的海防同知張若霳在鹿耳門巡視，他說：「渺然雲缺處，遙見刺桐城。」[21]在鹿耳門可以遙望刺桐城——臺南府城。當時大家已經都稱臺南為刺桐城。

---

19 孫元衡〈春興〉六首之二。

20 孫元衡〈留滯海外倏踰三載追維所歷不無慨焉〉四首之三。

21 張若霳〈鹿耳門月夜〉。

## 以刺桐紀年

以前臺灣原住民沒有年歲觀念，看刺桐開花，當成一年的循環，便用刺桐紀年，所以刺桐樹就是原住民的紀年樹，刺桐花開也成為男女約會的季節。六十七《臺海采風圖》說：「番無年歲，不辨四時，以刺桐花開為一度。每當花紅草綠之時，整潔牛車；番女梳洗盛粧飾，登車往鄰社遊觀，麻達執鞭為之驅。」當一年一度刺桐花開時春意盎然，原民少女打扮得漂漂亮亮，麻達是指還沒成家的原民青年，趕緊執鞭駕牛車到鄰社探訪美少女。

巡臺御史范咸說：「番不知四時，以刺桐花開為春。」[22]看到大自然的變化就知道新的一年來到了。朱仕玠〈瀛涯漁唱〉寫下：「龍鍾番叟鬢成絲，逝去流光總未知。不解絳人書甲子，黍收惟記一年期。」

老態龍鍾的原民，雙鬢已經花白，搞不清楚已經逝去多少歲月，也不明白高壽的人寫什麼甲子，他特別註明「土番不知年月生辰，以黍收為一歲，或以刺桐花開為一歲」。在那種沒有年曆紀年、鐘錶計時的時代，原民用他們的智慧，看刺桐花開花落來紀年，真是智舉。

## 以刺桐指點迷津

對原民來說刺桐不僅能紀年，也是先知，用來指點生活迷津。《泉州志》說：「刺桐先葉後花，則五穀豐。」陳文達《鳳山縣志》說：「莿桐花：色殷紅，一莖數十蕊，先花後葉。」刺桐原本是先開花再長葉，如果那年刺桐先長葉再開花，就是預告這年會豐收。

宋代丁謂曾有詩：「聞得鄉人說刺桐，花如後發始年豐。我今到此憂民切，只愛青青不愛紅。」[23]泉州傳說刺桐能預示年景，先長葉後開花才有豐年。丁謂來到泉

22 范咸〈三疊臺江雜詠〉「改歲無從問落蓂，於茅添竹結莎廳。矮牆漏日虛窗白，叢樹連陰曲檻青。被髮文身尊粵尉，裸衣埋骨學劉伶（內幽社皆裸葬）。漆頭（孫元衡詩：『漬汁而漆頭』）便自誇年少，難染絲絲兩鬢星。」

23 丁謂〈詠泉州刺桐〉。

州，看到刺桐先花後葉，開始擔心民生，他說只愛青翠的綠葉，因為先長葉才有好預兆。首任巡臺御史黃叔璥才會說：「刺桐花盛產於臺灣各地，一旦花盛開整城燦爛如同朝霞，如果那年沒有開花的情形，就會被認為不尋常，有如天出異象。奇怪的是，朱一貴造反那年刺桐都不開花，所以在花開時占卜那一年盛衰。」[24]

乾隆時，孫霖寫「春來已驗刺桐花」，春天來了已經用刺桐花驗證過，今年先葉後花就是大豐收。光緒年間的馬清樞也說：「占歲豐穰驗刺桐。」還加注說：「先葉後花，其歲大熟。」先長葉後開花，這一年會大豐收，但如果刺桐不開花，就是預告有天災、暴動。一直到嘉慶年間，臺灣仍到處長滿刺桐，施鈺〈刺桐〉：「灑落籬垣障刺桐，花時似共赭霞烘。」那時臺灣還是用刺桐當作籬垣，開花時和天邊彩霞一樣紅通通。

臺灣雲林到現在仍有以刺桐為名的鄉鎮，因清朝以前當地刺桐叢生，人煙絕跡，先民到此墾荒，選擇一個小巷弄建屋成村，刺桐樹種滿全巷，起初取名為莿桐巷（刺桐巷），接著便改名莿桐鄉（刺桐鄉）。

現在的臺南不再是刺桐滿目，早在一八九七年日治時期，由日本孟買領事館採購鳳凰木種子引進臺灣，最先在臺南種植。[25]鳳凰木就取代刺桐，每近暑假換成火紅的鳳凰木在街頭燃燒，臺南便以鳳凰木為市花，稱「鳳凰城」，反而不曉得最早府城的別名是刺桐城。現在回臺南，不知何故沿途很少看見鳳凰花，小時候在路旁撿拾鳳凰落花，製作成美麗的花蝴蝶，已變成美麗回憶。

## 家家齊插綠珊瑚

到花市想買多肉植物，老闆拿著一小盆說這是仙人掌，久久澆一次水，很好養。

---

24 黃叔璥《臺海使槎錄．赤崁筆談》卷三：「（刺桐花）每枝可數十蕊，一瓣包裹數鬚，似翦綵為之，爛熳若朝霞。臺郡最盛。辛丑春，無一開花者，遂兆朱一貴之亂，甚奇；後遂於花時占一年盛衰。」

25 臺南市政府農業局：〈愛樹一生一世〉，二〇一八年十一月二十一日。

誰不認識仙人掌？但仔細一看，這可不是仙人掌，而是綠珊瑚。兩者都是綠色、多肉植物，但綠珊瑚屬於大戟科；仙人掌則屬於仙人掌科，常被誤解是同科。現在反而比較多人看過仙人掌，卻不認識綠珊瑚。

綠珊瑚又稱綠玉樹、青珊瑚、鐵樹、鐵羅、龍骨樹、神仙棒、乳葱樹、白蟻樹等，是大戟植物。原產於東非、印度和阿拉伯半島等地，沒有葉子，有著細長的青綠枝條，愈長愈多分枝，椏杈好像珊瑚，折它的枝，插在土中，很容易成長。一六四五年間，由荷蘭人引進臺灣栽培，除了做為景觀植物外，以前可是臺灣的天然城牆。

現在城市裡幾乎看不到大叢、大片的綠珊瑚，當然更不可能以綠珊瑚當作鄰居藩籬。沒想到我前往肯亞的馬賽馬拉國家公園時，就看到附近部落裡有許多高大的綠珊瑚，他們用來當圍牆，圍繞房子四周，保護家園，彷彿重現清初臺灣聚落的圍籬。

清初，臺灣長期沒有城墻，百姓無可奈何，只能自己小心點，將就過日子。陳文達《臺灣縣志》說：「綠珊瑚整株是翠綠色，長得很高大，可以探出牆，既不開花也不結果，樣子又像珊瑚。容易生長，只要折下枝幹，插入土中就能成長。而且是外國種，有人種在盆中，拿來觀賞。」乾隆時，董天工來到臺灣看見綠珊瑚，「有枝無葉，不著花，槎枒互出，映翠玲瓏，異產也。其枝皮破有漿，沾人肉毒爛不可醫。臺人樹做籬笆以防盜。」[26]臺灣人看到綠珊瑚能長那麼高，人一沾染它的毒汁，皮膚爛掉無法醫，所以聰明的臺灣人就拿來當圍籬，阻止外人入侵。

乾隆六年四月，巡臺御史張湄第一次看到綠珊瑚，覺得真是可愛啊！忍不住讚嘆寫〈綠珊瑚〉：「一種可人籬落下，家家齊插綠珊瑚。想從海底搜羅日，長就苔痕潤不枯。」

府城家家戶戶的圍籬下，都插滿可愛的綠珊瑚，這種翠綠色的植物看起來好像從海底撈出的珊瑚，長成溫潤不枯乾的苔痕。

巡臺御史六十七在臺灣看見綠珊瑚，也讚嘆道：「絕好饔飧紅腳早（稻名），天然籬落綠珊瑚。」六十七吃到名為紅腳早（腳紅米白）的米食覺得太幸福，看到沒有

26 董天工《臺海見聞錄．臺木》卷二。

城牆的府城，卻種滿綠珊瑚當作天然的圍籬，臺灣人多有智慧啊！

直到乾隆二十四年（一七五九年），臺灣知縣夏瑚覺得府城只種植刺竹保護，太沒安全感，又在刺竹外增植綠珊瑚。乾隆時期來臺的孫霖，見到府城木柵城外加種的綠珊瑚，感到很新鮮，他的〈赤嵌竹枝詞〉：「竹枝環繞木為城，海不揚波頌太平。滿眼珊瑚資護衛，人家籬落暮煙横。」

他還特別注解說：「臺郡以木柵為城，環植刺竹，迄今四十年矣。遇颶風劇，多摧折。是在守土者敷陳妙策，以石易之。綠珊瑚，一名綠玉樹。槎枒交錯，青蔥籬落間，洵異產也。」可知這年是乾隆二十八年，距離以木柵築城已有四十年了。詩中描繪當時府城以刺竹環繞木柵當圍牆，城內居民的籬落暮煙裊裊，還有滿眼夾植綠珊瑚來保護，草木扶疏的府城景觀呈現太平景象。他認為府城有強烈颱風，木柵城容易折斷，並提出要築石城的策略，可惜當時沒有人理他。一直到乾隆五十三年，臺灣知府楊廷理改木柵為土石城垣。

朱仕玠看到府城人民家家戶戶都種綠珊瑚，聯想到晉朝時王愷與石崇鬥富的事，以〈瀛涯漁唱〉來歌詠綠珊瑚：「疑移海底潤猶濡，接幹交柯色自殊。四尺翻嗤石衛尉，遶籬盈丈綠珊瑚。」（綠珊瑚，木名，一名綠玉，種出呂宋，無花，葉高可丈餘，色深碧，宛似珊瑚；民居多種之。）

綠珊瑚晶瑩光亮飽滿的綠色色澤，讓人懷疑是剛從海底撈上來的珊瑚，同時也想起愛炫富的石崇。

晉武帝賜給王愷一株二尺多高的珊瑚樹時，石崇很囂張，看了便用鐵如意打碎珊瑚樹，讓王愷氣極敗壞。石崇說：「免氣！我還你一株。」派人拿出家中的珊瑚樹，高三、四尺的就有六、七株，每株都大過王愷的珊瑚樹。然而臺灣滿城的綠珊瑚卻長在平常人家的籬笆下，石崇鬥富的不過四尺高，臺灣卻有超過一丈的綠珊瑚，不只一株，而是整城中的圍籬都是綠珊瑚。臺灣綠珊瑚贏了！

道光元年，胡承珙調補臺灣兵備道。《清史列傳》說他：「認真努力地清理村莊壞人、消除強盜，他在臺灣三年，努力讓人民與番民都安靜生活。」胡承珙看到臺灣家家戶戶種滿綠珊瑚，也為綠珊瑚說幾句話，便寫下很長的〈綠珊瑚樹歌〉：「龍工胡為不自惜，琪樹琅玕擲千尺。棄置人家溷廁間，牛柵鷄棲恣狼籍。世人但羡出水赤，（注《述異記》：『珊瑚生海底，碧色，出水始紅。』）石上蟠根多不識。故將本色示人間，任使看朱亂成碧。頗聞此樹含毒漿，樊圃可止狂夫狂。頗金如粟馬如羊，使君歸去垂空囊。明珠薏苡多謗傷，安用綠玉枝交相。酒酣起舞鐵如意，七尺珊瑚等閑碎。」

胡承珙特別寫序，考《臺灣志》謂：「此物有枝無葉，嫩翠叢生，狀如珊瑚，甚脆，折之有毒漿，沾人肌膚輒爛。人家及村墅遍植之為藩蔽，與篠簩、刺竹同功。」

詩的內容一開始就為綠珊瑚抱不平，問老天為何不愛惜綠珊瑚，它就像美玉一樣，竟然把綠珊瑚丟棄在廁所、牛柵雞舍邊，讓它狼藉不堪。

志怪小說《述異記》說珊瑚在水中是綠色的，但一出水變成紅色。世人只羡慕珊瑚是紅色，卻不認識石頭上糾結的蟠根，所以綠珊瑚將本色呈獻在人間，隨你把紅色亂看成碧綠。聽說這種樹含有毒漿，可以阻止狂夫猖狂地亂闖進來。

接著他話鋒一轉表明心跡：「即使送我的馬多得像羊群，送我的金子多得像粟米，我也不會把它們放進懷（口袋）中，因此離去時我兩袖清風。人生中很多人都會被讒言毀謗，難道要用有毒的、交相纏的綠玉枝來抵禦。無奈啊！喝完酒就起來歌舞，激昂之下敲碎七尺的珊瑚。」藉著綠珊瑚不被看重，卻對社會有貢獻，用綠珊瑚的際遇來表示清白與氣節。

道光年間來臺灣的姚瑩，還是看到許多綠珊瑚，寫下〈臺灣行〉：「幾年作宦來臺灣，東過滄海窮煙瀾。扶桑枝紅掛朝日，珊瑚樹綠充庭藩。」家家戶戶還是種著綠珊瑚。甚至到道、咸年間的劉家謀仍然提到綠珊瑚，他的〈臺海竹枝詞〉：「月影朧朧郎識得，綠珊瑚裏是儂家。」這些種滿綠珊瑚的地方就是小妹我的家啊！

綠珊瑚成為府城天然城牆，留下珍貴的文學紀錄。可惜現在城市不僅很少看見，更很少人認識它了。

## 樹上的鳳梨——林投

小時候到外婆家的海邊，就會看到許多叢林投在沙岸隨風飄舞，日後聽到林投姐悲慘的故事，伴隨著海濤聲，好像在哭訴、吶喊，嚇得只能繞道而行。之後再回到海邊，林投大多不見了。

林投又叫林茶、菻茶，原住民「投」與「茶」的發聲相近，沒有文字而順著讀音，認為林投就是菻茶。林投還有別稱露兜樹、野菠蘿，葉子很長，葉緣及葉背中肋長有很多銳刺，葉連葉立起一道道綠色圍牆，霸氣地展現各種拒絕靠近的招式，嚇阻他人入侵。

文獻記載林投「葉多莿，似鳳梨，高可丈餘。密栽為籬，牛羊不得入」。也說林投「樹幹直，皮似栟櫚」，「其樹直幹無枝，長葉利刺，刺參列如鋸齒」，「葉青而長，兩旁皆刺」。林投懷有利刺，能隨處生長，所以「種之園邊，衛宅之功，等於刺竹」。林投長大也是一大叢，高約一丈多，和刺竹同樣有保衛家園的功用。

周鍾瑄《諸羅縣志》說菻荼生長在海岸沙磧中，不是草、不是木、更不是竹。葉子像鳳梨，枝幹有如甘蔗那麼高聳。林投花白色細小像飛蓬；男女都喜愛配戴，因為味道香濁，好像浴佛用的都梁香。

道旁的林投果常被人誤認為鳳梨。乾隆二十八年六月，任臺灣鳳山教諭朱仕玠在《小琉球漫誌》說：「栽成如栅阻牛羊，誤認黃梨遶道旁。青實遍簪番婦髻，卻憎重價購都梁。」（菻荼樹，類鳳梨，高至丈餘，結實酒盃大，青色；番婦取簪髻，以為香勝都梁。土人籬間植之，牛羊不得入。）

把林投栽成園籬一樣，可以嚇阻牛、羊亂出入，可是外地來的人常把林投果誤認為鳳梨，它還有一股特殊的甘香氣，常被原民婦女拿來插在髮髻上，它的香味遠勝昂貴禮佛用的都梁香。

也有人說林投果實像波羅蜜，但不好吃。然而明末沈開文《雜記》卻說：「菻荼……，土人剝食之，粒粒之尾俱甘。」林投果子的色澤和發出的甘香味，誘使人剝開來吃，蘭嶼的人就把林投果打成果汁，消暑解渴。

林投原來是種在海邊沙丘，因為有刺，也被拿來當圍籬。到了乾隆四十年，臺灣還是沒有建城，知府蔣元樞看到木柵城大多朽爛，城基也多為人民侵占，就按照城基另建木城，比舊的木柵加高三尺。又在新舊木柵之中留約丈二餘的空隙，密種刺竹、珊瑚、林投來加強府城的防禦，[27]所以林投和刺竹有同樣保衛府城的功勞。

道光時，林投仍肩負著守城任務。劉家謀寫〈海音詩〉：「密密根連未肯疏，故應外禦藉林茶。大哥尾弟空聯臂，持較同懷總不如。」

他特別在序中解釋：「臺竹生筍不出叢外，連根相附為藩籬城郭之資。不拘年齒，推強有力者為『大哥』；一年少者殿後，曰『尾弟』。歃血為盟，相稱以行次；凶終隙末，曾不移時。」

臺灣刺竹生出的竹筍不會長到竹叢外，根都相連成為藩籬，用來保護城郭。要推強而有力的為大哥（刺竹），年少的為尾弟（林投），兩者歃血為盟，互相聯合來對付危險的局面，所以寫詩說：「密密根連未肯疏，故應外御藉林茶。」說明雖然刺竹緊密地連成一片，也要聯合林投來抵禦外敵，成為藩籬保衛城郭人民安全。

林投在保護城市上和刺竹有同樣功用，但現在都被趕離城市，流落在荒野中。林投除了有刺，能像城牆保衛人民安全外，還有許多經濟效用。

林投骨子很堅固，花紋斑駁，可以拿來製作念珠、筷子、檀板或月琴、三絃等樂器。[28]而且林投的果實像金鈴，可以串起來纏在頭上當裝飾。也有人把林投葉製成林投帽遮陽，如日治時期的魏清德、謝國文等都有寫〈林投帽〉，讚嘆它的妙處；許南英還稱林投帽「柔潔可愛」，可能製作成本太高，無法廣傳。

臺灣有一句俚語「火燒林投袂死心」，林投太容易生長，縱使被燒光，生命力強大，仍會長出嫩芽，再生長。無論多麼艱苦的環境，仍有生存的勇氣，力拚到底，極有臺灣人的精神。好像鼓勵大家要有堅持到底的決心，雖然失敗但不氣餒，屢敗屢戰，直到得勝為止。

---

27 蔣元樞《重修臺灣各建築圖說．重建臺灣郡城圖說》。
28 范咸《重修臺灣府志．物產》卷十八。

刺竹、刺桐、綠珊瑚、林投這些以前的天然圍籬有著共同特色，都很容易生長，像刺竹、刺桐、綠珊瑚等，只要折枝插在土裡就能快快生長，且長得很茂密，又耐旱、耐風、耐鹽，不用很多水就能開心地活著。有抵禦敵人的祕密武器——尖銳的刺，像刺竹、刺桐、林投都有，不容許敵人隨意進出，而刺桐的種子含有毒性，誤食恐破壞中樞神經。綠珊瑚更厲害，枝子有毒汁會讓人的皮膚潰爛，這些都是老天賞賜的武器，不准侵略者囂張、任意胡所非為，讓沒有城牆的臺灣百姓能藉著它們的庇蔭保護，安居樂業。

如今，這些舊日的「保全」都功成身退，現代房屋的增建，土地的開發，已經容不下這些過往保護身家的功臣，它們被砍、被濫伐，只能默默地消失在城市與人們的記憶中。

【第六章】

# 臺灣的貢品——西瓜、番樣、番犬等

清初最懂得欣賞臺灣產品的人，應該算是覺羅滿保吧！

覺羅滿保當福建巡撫時，不斷向康熙奏進心中最具特色、最讚的臺灣特產。奏進就是指地方官員向皇帝進貢的土產、奇珍寶物等。

康熙五十二年（一七一三年），覺羅滿寶寫的滿文進摺果類「包括文旦（六桶）、紅蜜柑（六桶）、大蜜柑（六桶）、中蜜柑（六桶）、盧柑（四桶）、香柑（二桶）、青果（二桶）、橘餅（二桶）」。[1]每年都要挖空心思上貢，取悅皇上。

康熙五十六年七月，升為閩浙總督覺羅滿保上給康熙的奏摺〈奏聞遣員護送臺灣番子進京摺〉（奏聞是臣下將情事向帝王報告），康熙說：「試試看。」

康熙五十八年（一七一九年）一月，又有〈奏進呈臺灣西瓜王瓜茄子等摺〉，康熙說：「此不必再送來。」三月二十八日，閩浙總督覺羅滿保又有〈奏進臺灣番子土產芒果等物摺〉，康熙批：「知道了，此等東西皆無用，不必再送來。」同年又有〈奏進番茉莉等物清單摺〉，洋洋灑灑列了十多項貢品。包括「番茉莉、牙蕉、刺竹、番檨、黃梨、番薯、番稻穗、暹羅鋪地直紋席、五色鸚鵡、白斑鳩、綠斑鳩、番雞、番鴨、臺猴、臺狗」，只是這批臺灣特產，卻換來康熙一再潑冷水，連說十一個「無用」的評語，對白斑鳩說「近來京中多了」，連狗都說「不及京裡好狗」。

雖然飽受打擊，禮物常被拒、被退，覺羅滿保還是鍥而不捨，一再獻寶，再三肯定「臺灣出產，品質有保證」，當然也希望這些禮物能讓自己飛黃騰達。

〈奏進番茉莉等物清單摺〉

## 初戀滋味的番樣

燥熱的夏天來一碗酸甜芒果冰，一陣冰涼讓人馬上還魂。不僅臺灣人和日本人愛吃這一大碗冰，電視新聞說一碗新臺幣三千多的芒果冰，韓國歐巴都甘心掏出錢包。

臺灣芒果早在康熙年間就名聲遠播，被當作貢品千里迢迢送到北京，討皇上歡

1 莊吉發〈酸甜甘苦——從滿文奏摺看清代臺灣水果的進貢〉，《故宮文物月刊》第二十三卷第八期。

心。

芒果在清領時期稱為「檨仔」，「檨」應該是外來語。連橫《雅言》說：「臺灣之檨字，番語也，不見字典，故舊誌亦作番蒜，終不如檨字之佳。」現代人恐怕看不懂也不會念這個字。

康熙二十四年，林謙光在《臺灣紀略》說：「果之美者，檨為最。狀如豬腎，味甘洌，可敵荔枝；越宿即爛，故難到遠地。」檨很甜，和荔枝有得拚，可惜容易爛，很難送到遠地。

郁永河是清人最早寫詩肯定番檨的人，〈臺灣竹枝詞〉說：「不是哀梨不是楂，酸香滋味似甜瓜。枇杷不見黃金果，番檨何勞向客誇。」（番檨生大樹上，形如茄子。夏至始熟，臺人甚珍之。）

康熙三十六年，郁永河來臺採硫磺，看到芒果長在大樹上，很像掛在空中的茄子，夏天剛熟，臺灣人竟把它當成寶。等到他親嘗芒果滋味，讚不絕口說土芒果不是晉朝金陵哀仲家所種的高檔梨，也不是山楂，它的滋味就像酸酸香甜的甜瓜。如果沒見過枇杷那種黃澄澄像黃金的果子，不要緊，吃過番檨的美味自然就能體會，產品本身就是最好的品牌，不用老王賣瓜不斷向客人誇讚多好吃。

孫元衡注意到檨的貴重，在〈番檨〉說：「千章夏木布濃陰，望裏纍纍檨子林，莫當黃柑持抵鵲，來時佛國重如金。」

他在詩後特別說明：「檨子俗稱番蒜，或作檨，其種說自佛國傳來。」夏天裡濃蔭密布的芒果樹，結出纍纍果實。千萬不要把它當成黃柑，隨便拿去丟擲趕烏鵲；芒果是千里迢迢從佛國移植過來，像金子一樣貴重。

臺灣番檨貴重且香甜，讓人齒頰留香。康熙五十八年四月，福建巡撫呂猶龍獨具慧眼，挑選臺灣珍品檨進貢，〈奏為進獻臺灣所產番檨疏〉：「福建有番檨一種，產在臺灣，每於四月中旬成熟。奴才於四月二十八日購到新鮮者，味甘微覺帶酸。其蜜浸與鹽浸者，俱不及本來滋味；切條晒乾者，微存原味。奴才親加檢看，裝貯小瓶，敬呈御覽。但新鮮番檨，不比法製者可以耐久；奴才細教家人小心保護，將所到之數盡皆進獻，故於摺內未敢預填數目。」

呂猶龍像推銷員，賣力解說他的新發現，超級美味、一級棒的番檨，還寫下實驗心得。把檨浸在鹽中，味道沒有原來的好，但把檨切條、晒乾（芒果乾），可以稍微保存原味。他小心翼翼放在瓶中，千里迢迢送到北京，想拍馬屁取悅皇上。沒想到不知番檨是否太嬌嫩，經不起路途遙遠，導致賣相不好，或是康熙帝真沒眼光、沒口福，好東西看太多了，只說：「知道了。番檨朕一次未見，故要看看，今已覽過乃無用之物，再不必進。」

閩浙總督覺羅滿保可能和呂猶龍說好一起上貢，也有同樣內容的滿文奏摺〈奏進臺灣芒果及武夷山茶葉摺〉，皇上也是回答：「知道了。因芒果為一次未見過之物，原想看看，看來甚是無用之物，再也無庸送來也。」[2]

只是好奇心作祟，完全不欣賞臺灣送來的禮物，不知傷透多少臺灣人的心。不過不要緊，臺灣番檨有志氣，靠自己的實力發揚光大。從當時來臺的文人所記，就知道檨有多美味。

## 神仙味的蓬萊醬

住臺南時，飛魚豐收的季節，我娘就把醃過的青芒果和飛魚一起煮，湯頭酸酸鹹鹹，讓人口水直流，吃完後好像飄飄變神仙，懷孕的人更愛吃，聞到青芒果的香氣，牙齒就痠軟，胃口大開。

臺灣首任知府蔣毓英曾在《臺灣府志》記載：「檨是從荷蘭移來的，樹極高大，而且果實很像豬腎，四月的檨味酸像梅子，把它拿來用鹽醃一醃，可以當作一道菜，就是生病的人也可以嘗用。」

從荷蘭移植來的檨，外形像豬腎。四月的檨味道像酸梅一樣，用鹽醃一醃，就當起菜蔬，生病的人一吃就會胃口大開。原來清朝時這種醃過的青芒果，就叫「蓬萊醬」。

《臺灣縣志》說：「檨，番蒜也。高樹廣蔭，實如鵝卵，皮青肉黃，剖食甘美；

---

2 《宮中檔康熙朝奏摺》第九輯。

始生時和鹽虀搗為菹，曰蓬萊醬。」

番檨像鵝卵那麼大，除了切片用鹽巴醃之外，也有用糖醃的，也叫蓬萊醬。乾隆時，巡臺御史錢琦〈番檨〉寫道：「密葉繁花臃腫材，午風薰處子成堆。蓬萊可是無佳味，許爾和鹽入鼎來。」（氣味辛酸，臺人酷嗜之。每當新後用鹽少許拌蒸，名曰「蓬萊醬」。）

他先批評一下臺灣沒什麼好吃的東西，只有這種番檨很多，用鹽醃一醃，就叫蓬萊醬，味道酸酸的，但臺灣人很愛吃。

朱仕玠也說：「番蒜新收暑雨時，青虯卵剖滿林垂。瀛壖自重蓬萊醬，應笑嵇含狀未知。」（番蒜，一名檨。大者合抱，葉濃，花淡黃，結實初綠，久則漸黃。臺人以糖醃之，名蓬萊醬。）

番檨在夏暑下雨時收成，一個個掛在樹上的芒果，誇張地說好像青龍的卵垂掛滿樹林，臺灣人非常看重蓬萊醬。他開玩笑說：「應該是嘲笑寫《南方草木狀》的嵇含，他根本沒看過檨，應該不知道檨是什麼東西吧！」

嘉慶時，來臺曾編纂《續修臺灣縣志》的謝金鑾寫〈檨〉：「兒家一碗蓬萊醬，待與神仙下箸餐。」蓬萊醬的好滋味，神仙都流口水下凡來搶著吃。

乾隆時，吳玉霖〈臺灣雜詩〉：「腴田三穫足倉儲，甘蔗煎糖檨當蔬。」臺灣很富饒，肥田一年收穫三次，可以滿倉房，甘蔗拿來煎糖，番檨醃後當蔬菜，儲備以過冬，可以看到當時臺灣過冬，蓬萊醬就是一種儲糧。他還特別說明：「良田一歲三熟，有果名檨，夏熟而甜。土人每飯必具。」臺灣土地太肥沃。一年有三次收成，番檨做成的蓬萊醬，原民們幾乎三餐必備。

光緒時，番檨仍在臺灣飲食生活占重要地位。馬清樞〈臺陽雜興〉有一句「禦冬旨蓄醃番蒜」，出自《詩經．邶風．谷風》：「我有旨蓄，亦以禦冬。」醃過的檨可以藏存著，冬天時當作蔬菜。

## 蓬萊醬是安慰大師

蓬萊醬還有意想不到的功能，安慰受傷的心靈，俗諺「失戀要吃香蕉皮」竟然是真的。有資料指出：「香蕉皮含有豐富的色胺酸，色胺酸能轉換成血清素，就是大腦的一種快樂因數，用途在於減少失眠和憂鬱，並穩定情緒。」

番樣醬不讓香蕉皮專美於前，竟能安慰落榜生。光緒元年（一八七五年），來臺的福建巡撫王凱泰在〈臺灣雜詠〉說：「高樹濃陰盛暑天，出林樣子最新鮮。島人豔說蓬萊醬，誰是蓬萊籍裏仙。」（樣子，俗稱番蒜；切片醃食，名蓬萊醬。臺屬二百年來未得館選，常以此勗多士。）

夏天高樹長得濃密的樹陰，盛產的番樣最新鮮。臺灣人很神氣地說蓬萊醬多好吃，來臺官員一嘗到蓬萊醬就驚豔萬分，認為只有住在蓬萊仙島臺灣的島民，才能親嘗這道珍饈美味，且能化身為蓬萊仙班。

蓬萊醬便有另一個功能，比心理醫師還強，比藥物還猛，就是能撫慰受傷的心。臺灣二百年來常以蓬萊醬來鼓舞、勉勵沒有入選館職的士子舉人。連郁永河都說番樣「夏至始熟，臺人甚珍之」，這麼寶貴的水果好吃到能成「神仙」，又何必在意無法入選館職。

## 檨子膏就是芒果醬

檨是臺灣的珍品，盛產時，臺灣人想盡辦法多加利用，《諸羅縣志》說：「切片以啖，甘如蔗漿，而清芬遠過。」番檨既香又甜得像蔗漿，所以叫香檨。

王必昌《重修臺灣縣志》提到檨子膏的做法，「或用鮮檨細切，用糖熬煮名檨子膏」，把新鮮的檨切成細狀，加上糖熬煮，就是現今的芒果醬。當然這裡使用的都是土芒果，現在的芒果冰大多是民國四十三年（一九五四年），農復會引種考察團自美國佛羅里達州引進愛文（Irwin）品種，熬煮成芒果醬，鎖住濃郁的芒果香氣與甜味，夏天來一碗初戀的滋味，吸引多少本地人和觀光客，再怎麼排隊都甘願，簡直成為臺灣之光。也可以拿來當抹醬夾在土司中，吃起來酸酸甜甜。

## 最受歡迎的檨仔乾

臺灣最受歡迎的水果乾——檨子乾。《重修臺灣縣志》說：「臺人或切片晒乾，用糖拌蒸，名檨仔乾。」清朝時就懂得加糖晒成芒果乾，可以存放很久。

臺灣的芒果乾太好吃了，常成為美味的零嘴或饋送外國友人的最佳禮物。很多地方會製作芒果乾，但口感不好，就是少一分臺灣味。我們曾在網路上購買到仿冒成臺灣「枋山」的芒果乾，一吃就知道被騙。

芒果雖然很可口，但不能吃過量，容易引發過敏、咽喉不適、上火、腹脹。一些有皮膚病的人，應適可而止。

連橫《雅言》說：「黃檨盛出時，食之過多，則胃起痙攣之症，所謂『檨子痧』也；食破布子則癒。」就是指萬一吃到芒果過敏、長瘡或下痢，只要吃破布子就能解毒，非常具有療效，不知道是否真的有效。

## 大內來的西瓜籽

酷熱的夏天來一盤冰涼西瓜直接解渴，沁人心脾。但臺灣俚語說：「暗頭仔吃西瓜，半暝仔反症。」西瓜性冷，晚上吃太多，容易「反症」，有腸胃不適、拉肚子和筋骨痠痛等症頭，勸告盡量不要傍晚吃。

## 冬天吃西瓜

康熙時的臺灣，很難想像不是傍晚吃西瓜，而是冬天吃西瓜。

西瓜王國臺灣不是浪得虛名，早在康熙時期就十分火紅，曾入貢紫禁城。清官員們認為臺灣西瓜是最具有代表性的產物，獨具慧眼挑選西瓜當貢品。蔣毓英《臺灣府志》記載臺灣「西瓜蔓生，而且四季都有」。

康熙三十年，齊體物寫到〈臺灣雜詠〉：「春盤綠玉薦西瓜，未臘先看柳長芽。地盡日南天氣早，梅花纔放見荷花。」

還沒有臘月，臺灣就先看到綠柳吐出嫩芽來，西瓜擺滿春盤，南方天氣總是梅才開花，荷花就迫不及待綻放花姿。

康熙三十六年，郁永河在《裨海紀遊》說：「西瓜盛於冬月，臺人元旦多啖之。」當時冬季盛產西瓜，臺灣人元旦大吃西瓜，紅色的果肉令人垂涎。

臺灣西瓜太可口了，康熙五十二年，閩浙總督范時崇一定要向康熙皇上分享這甜美的水果，就呈報：「竊臣每歲進御西瓜皆從臺灣採買。」[3]西瓜名聲遠播，閩浙總督送禮進貢是從臺灣購買。

## 御賜西瓜籽

康熙五十二年四月，福建巡撫覺羅滿保把康熙賜下並要他拿到福建、臺灣等地試種的西瓜種子，派人送到福州、泉州，馬上下種，七月就熟成，也把大部分種子派人帶往臺灣，八月才播種，因十一月雨水少，十二月才成熟。他先上貢福州、泉州的西瓜，康熙批道：「此物，朕未曾令你進呈，只是說在臺灣地方試種。將此做為一事齎送，殊屬不合！在福建種之何用？」[4]康熙的意思是去臺灣試種，沒有要你入貢，他自作主張當然贏得一頓臭罵。

第二年，覺羅滿保不死心，再請頒賜大內西瓜種子，〈奏聞進呈臺灣試種西瓜並請頒賜大內西瓜種子摺〉，試種成果還是很不理想，因為八月播種，十一月雨水略少，不是皮肉裂開，就是瓜葉生蟲，收成慘淡。康熙太寵他了，不管實驗沒什麼成果，還是賜下種子，說：「已送去了。」[5]到第三年時，窮忙半天只收成四十餘顆西瓜。當時已升任閩浙總督的覺羅滿保心感惶恐，只得挑選臺灣土產西瓜一併進貢。沒想到康熙還裝笑臉安慰他說：「知道了。西瓜事小，有何關係。」[6]康熙配合他的演出。

清廷賜下的瓜種到底種在哪裡？

連橫《雅堂文集》說：「瓜田在府治小東門外。」有部分種在鳳山，八月種植，十一、十二月瓜熟，再派員快馬加鞭送到北京，康熙五十七年（一七一八年），皇上硃批：「臺灣西瓜無用之物，八十個即足矣。」[7]康熙認為臺灣西瓜是無用之物，但覺

---

3 范時崇〈為奏報臺灣採買西瓜事〉，《明清臺灣檔案匯編》第二輯第九冊。

4 《康熙朝滿文朱批奏摺全譯》，頁八九五。

5 《康熙朝滿文朱批奏摺全譯》，頁九九二。

6 《康熙朝滿文朱批奏摺全譯》，頁一〇七九。

7 《康熙朝滿文朱批奏摺全譯》，頁一三三四。

羅滿保秉持一貫的堅持，還是要在臺灣種西瓜、貢西瓜，第二年又〈奏聞進呈臺灣西瓜王瓜茄子等摺〉，康熙很不耐煩批：「此不必再送來。」[8]

康熙六十一年，覺羅滿保仍一本初衷，再接再厲〈奏請恩賜西瓜種子摺〉，康熙竟然硃批：「發去。」[9]堅持到底的人有福了！康熙帝大概被他的精神感動，只好繼續支持他的實驗。

雍正元年正月初三，閩浙總督覺羅滿保奏報進呈西瓜數量：「御賜西瓜籽所獲西瓜一百，泉州西瓜二十，臺灣土產西瓜四十。」雍正皇帝批諭回答說：「賜籽西瓜，來年進八十個足矣。泉州、臺灣西瓜免進，不需要。」[10]這種偏要上貢，皇上拒收的戲碼，在雍正、乾隆時期照樣演出。

官員們大概看到皇帝口口聲聲說無用，但繼續上貢的結果，竟然是讓覺羅滿保從福建巡撫升為閩浙總督。

福建巡撫黃國材堅持〈奏進臺灣西瓜〉，請皇上賜下大內西瓜籽，「仍肯將內廷瓜子頒發，庶奴才得照例專人齎往臺灣布種請樹」，皇上批下：「發下瓜種所種，轉年進五十個足用。其泉州本地之種所種，皆不必進，路遠徒費，不中用。」[11]

皇上什麼山珍海味沒看過，當然不稀罕遠來的西瓜，從好的方面想，他認為路途太遙遠，免勞師動眾，只要上貢五十個就好。所以進貢品種在雍正元年就全部改為御賜瓜種，不許臺灣本地種進貢。

乾隆二年，進貢數量減少，規定「福建督撫每年著進瓜十圓，提督不必進瓜，種亦不必發去」。[12]

乾隆間來臺的孫霖〈赤嵌竹枝詞〉十首之七就說：「除卻風風雨雨天，分裝急喚渡頭船。深秋播種清冬熟，揀得西瓜貢十員。」

8 《宮中檔康熙朝奏摺》，第九輯。
9 《宮中檔康熙朝奏摺》，第九輯。
10 〈閩浙總督滿保奏進西瓜摺〉，中國第一歷史檔案館編《雍正朝滿文硃批奏摺全譯》。
11 《宮中檔雍正朝奏摺》，第一輯。
12 王必昌《重修臺灣縣志．賦役志》卷四。

還特別加注：「西瓜盛於冬月，邑人元旦多啖之。臺鳳兩邑，每歲進西瓜。八月下種，十一月成熟。氣候迥異，真不可以常理測。結實之時，最忌風雨。恐防損傷，擇日選摘，分為兩船西渡。邇來楊制府、定中丞會箚，不必多備，以省繁費。」

詩中說明為了要進貢，在沒風雨那些天，匆匆忙忙在渡頭分裝西瓜，臺灣西瓜是秋冬播種，冬天收成，揀到十個趕緊送到京城去。

朱仕玠提到：「草木隆冬競茁芽，紅黃開遍四時花。何須更沐溫湯水，正月神京已進瓜。」

他也註明：「臺地西瓜，有種於八月，成於十月者；用以充貢，正月至京師。」雖然是深冬中，但草木競相冒出芽，紅黃花開遍四處，天氣暖和，不須利用「溫湯水」來溫室種植，正月就已經送到京城進貢。

董天工記載當時貢瓜情形：「西瓜……臺產種於深秋，熟於隆冬，元旦多啖之。皮薄瓤紅，可與常州並驅，但遜泉之傳霖耳。乾隆二年，額定福建督撫每年正月各進瓜十圓，取之於臺。臺有進上瓜地一區，約數十畝，所產之瓜，其子兩旁有番字。臺太守僱工種收，解交督撫轉進，以此別為臺瓜。此數十畝外所產之瓜，子即無番字，亦一奇也。」[13]

當時臺灣都在元旦吃西瓜，皮很薄，肉是紅的，和常州產的差不多，但比泉州有名的地方出產的還差一點。乾隆時，福建巡撫每年正月規定要進瓜十顆。臺灣有專門種進貢瓜的地區，特別標有「番」字，臺灣太守請工人種收，交給總督巡撫轉交，分類出臺瓜。

很奇怪，其他地區種的瓜就沒標「番」字。

## 西瓜別名萬壽果

西瓜因為有翠綠色的皮，果肉是深紅色，大紅配大綠很吉祥。

康熙生日為三月十八，因此三月前被送到北京成為康熙的壽禮，所以又稱為萬壽

---

13 董天工《臺海見聞錄．臺果》卷二。

果。

康熙五十八年，任臺灣海防同知的王禮〈臺灣吟〉六首之三：「蔬園迫臘熟西瓜，剪蒂團團載滿車。恰好來春逢聖誕，急馳新果獻京華。」（臺瓜熟於臘月。）破臘指歲末，園子的西瓜熟了，剪下瓜蒂，載滿整車，剛好康熙舊曆三月聖誕，趕快送去京城當壽禮。千里迢迢就為討皇上歡心，不過仍是一句話「無用」。

《鳳山縣志》說：「鳳山（西瓜）則種於深秋，熟於隆冬。貢大庭，以三月萬壽前至京，名曰萬壽果。其餘以漸次熟焉。」

周鍾瑄《諸羅縣志》也說：「西瓜熟於十二月，取充貢。三月望萬壽前至京，俗名萬壽果。味薄，但取其早熟耳。」

現在反而很少人知道西瓜曾是高級貢品，用來祝皇上壽辰，而且名叫萬壽果。

## 酸溜溜的西瓜綿

臺灣西瓜讓人引以為傲，除了千里迢迢送往紫禁城當貢品、當水果解渴外，還可以煮湯。

有一回我到一家海產店，點一道西瓜綿虱目魚湯，真是可口。西瓜綿有所分別，一種是西瓜幼果，一種是西瓜皮，又稱「翠衣」，經鹽醃漬後，和虱目魚一起煮湯，非常美味。那次我吃的是西瓜幼果醃的西瓜綿，酸酸鹹鹹，讓人胃口大開。回味起來，幸福的滋味還在齒頰間，大概只有在臺灣才能喝到這樣美味的湯。

## 叫我第一勇——番犬

日本秋田以秋田犬為傲，牠是山地狩獵犬，狗界的霸道總裁。家喻戶曉的「忠犬八公」，[14]感動許多人的心。牠代表可愛與忠誠，被稱譽為日本國犬。

14 一九二〇年代，東京帝國大學教授上野英三郎飼養一隻秋田犬「八公」，即使主人猝然離世，牠依然天天到澀谷車站等候主人下班。忠心耿耿，感動許多人，澀谷車站因此豎立「忠犬八公像」。

臺灣的番犬比秋田犬厲害多了，可惜名聲早已淹沒。番犬不是一般的看門狗，吠叫兩聲嚇人，也不僅是忠心耿耿。牠可是有兩把刷子，聰明機警、高大、犬藝高超，是犬界的奧林匹克冠軍，更是名響北京的大隻番犬。

康熙五十六年五月，閩浙總督覺羅滿保上給康熙的奏摺說，他在巡察浙江途中，派千總李岩到臺灣尋找善跑、有耐力的「麻達番子」（未婚年輕原民男子）；八月，李岩挑選十名麻達送往中國，從中挑出七位自稱每天可在沙地跑二百里的人，連同四隻番狗帶往京城，再給三個被淘汰的麻達一些錢和禮物並送回臺灣。康熙接獲奏摺，批示：「試試吧！（送來試一試吧！）」

覺羅滿保馬上交代下去，九月，康熙帝接見這群遠渡重洋的七名麻達，還有四隻番犬。文獻沒有記載怎麼試，應該是表現許多絕活，成績不錯的才有下一回合。

康熙五十八年，閩浙總督覺羅滿保再挑選九名原民交由李岩，連同其他貢品一同赴北京。

覺羅滿保還在進貢紅單上，洋洋灑灑寫了一堆貢品，特別列出「臺狗四隻」，旁邊還加以說明：「試過能拿鹿。」臺灣番犬經過驗證，是威力無邊、轟動武林、驚動萬教的高手。

可惜高高在上、不識貨的康熙帝，竟然在紅單上批寫「無用」、「不及京裡好狗」，雖然讓人生氣，但並無損於臺灣番犬的威力與價值。

## 天生捕鹿高手

臺灣番犬的拿手絕活是捕鹿，康熙二十四年，首任臺灣知府蔣毓英《臺灣府志》記載：「犬（產之番社，而能捕鹿，不嚙人）。」

臺廈道高拱乾《臺灣府志》記載：「犬（產之番社者，能捕鹿，名田犬；如猃猲驕之類）。」

番犬是產自番社，不會咬人，就像短喙獵犬，特色是會捕鹿。體型大到像小牛，吠聲很獨特。牠們可以奔跑在叢密且多刺的草木中，主人會先剪掉牠們的雙耳，以便在野外奔馳時，不會被樹叢、尖刺夾住而有所罣礙。

原民捕鹿時，一定帶著番犬。牠們追捕鹿、獐時，絕對百無一失，是犬界的無敵手，價值非凡。[15]

康熙四十五年，孫元衡〈裸人叢笑篇〉寫到番犬的凶猛：「海山宜鹿，依於樸樕。麌麌呦呦，群行野伏。諸番即之，長鈚勁箙。毒猘（犬）橫噬，倍於殺戮。」臺灣山海很適合鹿群生長，通常整群棲息在小樹叢下，喁喁呦呦叫著。番人聞聲追捕，用長的鐵標槍和尖銳硬利的竹箭射殺鹿群。狠毒的番犬這時衝來張大嘴撕咬鹿群，比被射殺的還多，可見番犬的威力無窮。

## 長相猙獰卻被寵愛

原民與番犬是最佳拍檔，射鹿時番犬就是原民最佳助手。

番犬長得既高大又猙獰，「高倍常犬，狀尤獰猙，中土人每重直購而蓄之」。[16]由於大有價值，很多人出高價購買。

番犬體型龐大，是家狗的數倍。寫〈海東賸語〉的朱仕玠證明說：「我在道憲署時，曾看見番犬約重六、七十斤。」[17] 這隻番犬約四十多公斤，不僅高大，面目還很猙獰凶惡。

原民們看著高大猙獰的狗就像命根子，不僅把牠當家人看待，同進同出，愛撫牠們，甚至勝過自己的老命，想拿一頭牛交換，他們還會面有難色。[18]

番犬被主人寵愛，住的很高級，不是隨便窩在門口、地上，而是供養在臥榻。

康熙四十四年（一七〇五年），孫元衡寫〈還過他里霧〉說：「林黑澗逾響，天青山更高。諸蕃能跽拜，前隊肅弓刀。臥簞惟功狗，（番人最珍猛犬。）喧枝盡伯勞。（林無他鳥，惟伯勞爭鳴。）不因程計日，待獵看風毛。」

15 朱仕玠《小琉球漫誌·海東賸語·番犬》卷八。
16 朱景英《海東札記·記土物》卷三。
17 朱仕玠《小琉球漫誌·海東賸語·番犬》卷八。
18 黃叔璥《臺海使槎錄·番俗六考·北路諸羅番六》卷五。

他里霧是斗南舊名，平埔族語的意思是蒼莽草園。孫元衡路過他里霧時，看見沿路樹林愈茂密，溪谷的流水聲愈響亮；天空顏色愈湛藍，山勢看來愈高聳。諸番都跪拜在弓刀整齊的隊伍面前，屢屢建功的番犬竟養在臥榻上，這是番人最珍愛的猛犬。枝頭上傳來伯勞鳥的喧鳴，我不用忙著趕路程，只期待看到打獵時，犬鹿追逐的腥風血雨。

吳兆騫之子吳桭臣來臺旅遊，寫下《閩遊偶記》說康熙五十二年冬天，閩浙總督范時崇想要購買臺灣土狗上貢，但狗主人十分寶貴狗，堅決不願割愛，地方官出價三、四十金，幾經交涉後，才忍痛割捨。

從原民家購買的番犬，早就被剃去一半耳朵，牽回知府衙門後，用鐵鍊鎖在廊柱下。有一天，一隻鹿走過園中，番犬看見鹿很興奮，馬上掙斷鎖鍊奮力撲殺小鹿，吳桭臣眼見這一幕才相信番犬勇猛名不虛傳。

有時在園中的番犬會不停吠叫，讓人搞不清楚在鬼叫什麼。衙役說：「番犬要尿尿了！這些都是番人訓練，不准牠們在家中大小便，把牠們牽到空地，自己將土扒深，尿完後自己用土覆蓋之。」可見番犬訓練有素，而且很愛乾淨。

康熙五十六年，周鍾瑄《諸羅縣志》有相同記載說原民視番犬為自己的命，常撫摸牠們，一同進出。幾年前，有長官想要購買，主人死不答應，在威脅利誘下才同意。番犬被帶出後，全家抱頭痛哭，如喪考妣。番犬為原民家中的一分子，就像現代人家中所愛的毛小孩。

范咸《重修臺灣府志．番社風俗》特別說：「各（番）社俱不敢食犬。」沒有人會吃自己的家人吧！所以當時的原民們絕對不吃狗肉。

孫霖〈赤嵌竹枝詞〉：「出草番兒每拍肩，踏歌歡飲不知年。伊尼無數惟功狗，貿易還徵醭社錢。」（番社於冬季捕鹿，謂之出草。焚林追逐，百不逸一。弓矢鏢鎗，皆極強利。犬亦鷙悍。）

番兒出草（射鹿）時情緒很嗨，每每勾肩搭肩、唱歌跳舞、喝酒，常忘了今夕何夕。整個山林有很多伊尼（番語：鹿），原民燒樹林追逐牠們，投槍、射箭都很準確，絕不失手，番犬很剽悍，只有牠們能追捕鹿。

番社中買賣是要徵「贌社錢」，就是「贌社稅」，又稱為「社餉」。贌社是專與番社貿易的勢力；社餉是社商透過與原住民買賣的利益來納餉。

後來社餉轉由番社負擔，是漢人賦稅的數倍至數十倍。乾隆元年檢討結果，才下令廢除社餉，稅額與漢人相同，一丁課徵二錢，贌社宣告結束。

想到臺灣番犬這麼神勇，現在卻看不到半隻，而且牠的神勇都被忘光了，沒有人再提到牠。

原因很多，可能人口眾多，都市開發，狩獵文化式微，斑鹿減少，英雄「犬」無用武之地，原民對犬隻就不再重視。再加上與外來犬種大量雜交，失掉原有特性，時空變化，番犬成為失去的寶物，也成為記憶中的英雄。

## 獨具妙香的番茉莉

番茉莉是什麼啊？

如果你說「雞蛋花」，臺灣人可能比較聽得懂，它的花瓣是白色且花心鮮明的黃色有如蛋黃，還有淡紅或三色等雜交的顏色，被稱為「雞蛋花」。一看到「番」就知道是外國傳進來的，原產於熱帶美洲及墨西哥等地區，一六四五年，荷蘭人為了對抗瘧疾而引入臺灣。

康熙五十八年，閩浙總督覺羅滿保在進貢紅單上，第一個列出「番茉莉十六桶」，可見在他眼中，番茉莉必定很寶貴，代表臺灣特色的貢品。

番茉莉有許多別名如「三友花」，因為一枝就會開三、四朵花，好像朋友相聚相友愛。又稱「番梔子」，因為聞起來像茉莉，花形及花香也像梔子花。它的葉子愛湊熱鬧，喜歡與兄弟姊妹擠在一起，都長在枝條頂端，而花就開在葉上，又被稱為「葉上花」。冬天葉子都落盡時，光禿禿的粗肥樹枝好像鹿角，所以又叫「鹿角樹」。

我弟弟家曾買了兩株盆栽放在後院，一盆白色、一盆粉紅色，有幾次樹幹光溜溜，以為枯死了，沒想到春天到來，又吐出嫩芽，長滿綠葉，張牙舞爪地在圍牆高處伸展活力，愈種愈高大，還需要換盆，且花期長達八到九個月，夜晚花園常飄有一股梔子花香。

康熙二十四年，蔣毓英《臺灣府志》特別說：「三友花俗呼番茉莉，樹高，葉似枇杷差厚，蕊生枝杪，花有五瓣，色白，瓣外微紅，內淡黃，味香。」[19]

番茉莉的葉子像枇杷葉那麼厚，開出五瓣的白花，花瓣外微紅，裡面是淡黃色，味道很香。

郁永河來到臺灣，看見番茉莉後感到很新奇，寫下〈臺灣竹枝詞〉：「青蔥大葉似枇杷，臃腫枝頭著白花。看到花心黃欲滴，家家一樹倚籬笆。」

郁永河還特別解釋：「番花葉似枇杷，花開五瓣，白色，木本，臃腫，枝必三叉。花心漸作深黃色，攀折累三日不殘。香如梔子，病其過烈；風度花香，頗覺濃郁。」

他沒有寫出花是什麼名字，只稱為「番花」，說它的大葉子很像枇杷葉，臃腫的枝頭上開著白花，但花心是鮮黃色。每戶人家都在籬笆內種著這花，那時番茉莉長滿在臺灣家家戶戶的院子裡。

康熙四十四年，孫元衡來臺第一次看到番茉莉，可能太興奮，寫下〈葉上花樹〉，還說明這是歌詠「三友」花：「海東草木無零落，怪底知寒與眾殊。突兀含姿向風雨，階前百尺青珊瑚。」

臺灣四季如春，草木沒有特別凋落的季節，難怪對於寒冷的反應和其他地方大不相同。三友花面對風雨的吹襲仍屹立不搖，粗肥樹枝好像鹿角高聳含姿，就好像階前百尺高的綠珊瑚樹。

他又寫〈詠三友花〉，自注：「土人稱番茉莉，又稱番梔子，或稱葉上花。」並說明三友花一株必有三、四朵花，像好友相聚一樣，又稱「三友花」。

爭迎春色耐秋寒，開向人間歲月寬。嫩蕊澹煙籠木筆（蕊似木筆而小），細香清露滴金盤。繡成翠葉為紋巧（葉有紋如繡），蒂並叢花當友看（一枝必三、四朵、若相友云）。日日呼童堦下掃，濃陰恰覆曲欄杆。

19 蔣毓英《臺灣府志・物產》卷四。

三友花不在春天開花，但能耐秋寒，到農曆十月初冬還能開花，花期很長，所以稱讚它「耐秋寒」。

嫩嫩的花蕊比木筆花還小，籠罩在淡煙中，花蕊嬌嫩好像日月和著露水滴漏出細細的清香，葉子好像刺繡過有紋路，且長得很茂密，濃陰灑在欄杆上，很常掉落，天天要叫小童來掃臺階。

乾隆時，朱仕玠說楊慎的《丹鉛錄》記載：「《晉書》都人簪奈花，即今茉莉。臺地有番茉莉，是另為一種，花徑寸，每開百餘瓣，望之似白菊；既放，可得三日，不似內地茉莉晨開暮落也。一名三友花，一名葉上花。」[20]

他一直讚嘆番茉莉採下香味可保持三天，不像大陸的茉莉傍晚就沒香味了，因此寫詩讚頌：「簪奈都人漫共誇，未知異品出天涯。惟應蔣詡新開徑，合種東瀛三友花。」

茉莉一名柰花，喜歡簪茉莉花的人都異口同聲誇讚番茉莉很香，但不知道這是異品，且從海外傳進來。

西漢兗州刺史蔣詡以廉直著稱，辭官後，在家門前開闢三條小路，只和隱逸的人求仲、羊仲相往來。應該像蔣詡一樣開闢三條小徑，一起種這種三友花。

覺羅滿保為何第一個選番茉莉十六桶成為上貢的禮物？

許多文獻說：「臺地有番茉莉，……既放，可得三日，不似內地茉莉晨開暮落也。一名三友花，一名葉上花。」[21]

「番茉莉，一花千瓣，望之似菊。既放，可得三日觀；不似內地茉莉，暮開、晨落。然香亦少遜焉。」[22]

「抹麗花，千層，大如菊蕊，碎玉玲瓏，開經三宿，妙香迴絕，亦名三友花，土稱番茉莉，又稱番梔子，或稱葉上花。……置枕簟間，足清夢寐。」[23]

---

20 朱仕玠《小琉球漫誌．瀛涯漁唱》卷五。

21 朱仕玠《小琉球漫誌．瀛涯漁唱》卷五。

22 郁永河《裨海紀遊》卷上。

23 朱景英《海東札記．記土物》卷三。

「番茉莉較大，種自柬埔寨來，花徑寸，百餘瓣。早晚街頭，有連十餘蕊籤成一枝，有連數十蕊為一串；買置牀榻，殊有妙香。」[24]

番茉莉得到青睞，主要是：

一、花期甚長，且花開甚久，三天還不凋謝。不像在大陸的茉莉花，早上開，傍晚就凋謝了。

二、最重要的是番茉莉「妙香迴絕」，花開了三天，香味仍迴盪在空氣中，香氣味不會減少，放在枕頭旁，還可以讓人從睡夢中清醒。

三、花蕊很多，可以把十幾蕊串成一枝，也可以把數十蕊串成一整串。如果你去夏威夷，當地女孩會將雞蛋花串成花環並放在胸前，特有的妙香讓人放鬆。佛教國家裡，可是被寺院定為必種植的「五樹六花」之一，寺院中常見到它的身影。

沒有意外，康熙看到這種千里迢迢送來的番茉莉，只有一句話：「已藝植，繁殖甚多，京城各處均已種植。」[25]以及「無用」兩字。

## 像衝鋒衣的鹿皮

不要管卡通影片中的小鹿斑比多麼可愛，總聽過原民「出草」吧？千萬不要誤解他們是出去殺人喔！當時的「出草」是出去捕鹿。[26]

小鹿的皮很多人搶著要，是非常重要的貢品，臺灣在荷蘭統治時期，每年都要上貢約五萬張鹿皮。[27]鄭成功時期，諸羅番戶也要繳鹿皮稅。康熙二十三年歸入版圖，也要衡量番社的大小，貢上鹿皮。[28]連日本人都很需要鹿皮，派船隻來蒐購。[29]

---

24 黃叔璥《臺海使槎錄・赤崁筆談》卷三。
25 《康熙朝滿文硃批奏摺全譯》，頁一三三四。
26 周鍾瑄《諸羅縣志・風俗志・番俗》卷八。
27 黃叔璥《臺海使槎錄・番俗雜記・社餉》卷八。
28 周鍾瑄《諸羅縣志》卷六。
29 郁永河《裨海紀遊》卷下。

康熙五十五年，閩浙總督覺羅滿保報告生番歸化時，寫給皇上：「南北兩路每年要納五十張鹿皮，可以折銀一十二兩代輸貢賦。」[30]沒有鹿皮上貢時，就要以銀兩代替，原民當然努力射鹿。

明朝陳第〈東番記〉載：「冬，鹿群出……。鏢發命中，獲若丘陵，社社無不飽鹿者。取其餘肉，離而臘之；鹿舌、鹿鞭、鹿筋亦臘，鹿皮角委積充棟。……窮年捕鹿，鹿也不竭。」

陳第形容臺灣冬天捕獲的鹿，堆積得像小山丘那麼高，讓每個番社都吃得飽飽的。吃剩下的就製成臘肉，連鹿舌、鹿鞭、鹿筋也都燒臘，鹿皮、鹿角堆滿整間屋子。任你終年捕捉，群鹿的數量還是多到滿溢，不會枯竭。畜產這麼豐富，老天多麼厚愛臺灣啊！

文獻說臺灣山無虎，鹿繁殖最多，簡直像鹿島。其實從荷蘭治臺時期到清初鹿群遍布，常聚集臺灣中部海口草埔，便有以鹿為地名叫「鹿仔港」，後來簡稱「鹿港」。清初最早記載「鹿港」是在高拱乾修《臺灣府志》中的〈武備志〉。

荒野中活潑亂蹦的鹿是原民眼中的金礦，他們為了上貢與生計，積極圍捕射殺。首先在鹿群居的荒野外，三面縱火焚燒，前留一面，原民背負著弓矢、手拿鏢槊，鹿一看到火光就在荒野中到處奔竄，等鹿奔逸，就圍繞擒殺。

康熙四十六年（一七〇七年），孫元衡到臺灣已經三年，許多人問他臺灣的生活情形，他回答：「問我臺灣的民俗情形，我告訴你，臺灣的生活很浪漫、很特殊。」捕鹿時正是「番荒逃火鹿，海熟上潮魚」，他還特別解釋：「原民以狩獵的鹿當作食糧，鹿一見到圍捕的火光就競相逃竄，叫做『番荒』。原民們拿著弓箭，再放番犬出去追殺，完成捕鹿大業。而海產就是每年都有海魚逆潮而上，叫做海熟，臺灣物產豐饒，很好過生活。」[31]

《番社采風圖》— 捕鹿

30 覺羅滿保〈題報生番歸化疏〉。

31 孫元衡〈秋日雜詩〉：「物情殊熳爛，問俗竟何如。樂事喧鼉鼓，哀音轉犢車。蕃荒逃火鹿（蕃藉鹿為糧，驚火奔散，謂之蕃荒），海熟上潮魚（歲有海魚，逆潮而上，謂之海熟）。生理無妨陋，安恬可瑟居。」

他還在〈巨蛇吞鹿歌〉說：「一島三千麇鹿場，甡甡出谷如牛羊。臺山不生白額虎，族類無憂牙爪傷。」

臺灣沒有產凶猛的老虎，沒有天敵威嚇，整個島好像大麋鹿場；鹿群出谷多到有如牛、羊群，牠們不必擔心死傷在老虎的爪牙下。

巡臺御史黃叔璥寫〈捕鹿〉：「地闢年來少鹿場，焚林設阱兩堪傷。擒生翦耳如黃犢，相逐平原互鬥強。」

鹿場是梅花鹿的棲息地，場上長滿了丈餘高的荒草，一望無際，使鹿群得到絕佳成長與遮蔽的環境。清代鹿場僅限原住民入內捕獵，漢人不得私自進入，違禁者要送官究辦。

黃叔璥來巡視臺灣時，已經發現土地濫墾，鹿場愈來愈少，他見原民捕鹿，先將鹿場三面點火，留下一個出口，等待鹿群奔逃而出，原民背著弓與持鏢在草原上加以圍捕，互相爭狠鬥強。一抓到鹿，馬上剪掉鹿耳當作記號，這時鹿看起來好像剛出生的小黃牛一樣。

康熙舉人吳廷華在雍正三年（一七二五年）來到臺灣，他的〈社寮雜詩〉記錄著捕鹿情形：「春郊漠漠水湯湯，莫問當時射鹿場。牽得駿尨朝出草，先開火路內山旁。」

他加注：「外山皆墾成田園。射鹿皆於內山，焚林逐鹿，必先開火路，防燎原也，番謂射鹿為出草。」春天時水盛草長，外山已經開墾成田園，原民在內山出動射鹿，牽著高大的番犬，先點火開路，就叫「出草」，婦人不會參與。

雍正六年（一七二八年），巡臺御史夏之芳〈臺陽紀遊百韻〉：「番酋申約共燎原，出草紛紛逐鹿奔。射得鹿來先辦餉，頭腸以外絕無存。（『秋收以後，番官約社中男婦長幼皆出捕鹿，謂之：出草。』）先焚草以使鹿逸出，然後捕之。」

秋收後，頭目約定男女老幼一起去射鹿放火燒山中的草，鹿群見到火光嚇壞了，拚命奔跑，射殺鹿後先繳納餉銀，幾乎全部上繳，除了頭和腸，什麼也沒留下。但朱仕玠《小琉球漫誌》：「凡捕鹿，番婦不與焉。」可能不同部落，不同規定。

## 多功能的鹿皮

鹿的經濟價值高，原民眼中就是「鹿金」。

康熙年間杜臻《澎湖臺灣紀略》：「先屠取其皮角，次臘其肉，次臘其舌與腎、與筋別藏之，盛以箱而鬻之華人。」原民一抓到鹿，先剝下鹿皮，上好的當作貢品外，日本人很需要鹿皮，當作衣服、包裹、裝飾牆壁，都派商船來收購。

鹿皮平時可以遮蔽原民身體，他們以前「男裸全體，女露上身。自歸版圖後，女著衣裙，裹雙脛。男用鹿皮蔽體，或氈披身」。[32]天冷時穿上鹿皮可以避寒，下雨天可以拿來遮雨，累了還可以隨時鋪在地上，當毛毯躺著睡覺。怎麼看原民穿上的鹿皮衣，功用都像今日的衝鋒衣。

郁永河〈土番竹枝詞〉：「夫攜弓矢婦鋤耰，無褐無衣不解愁。番罽一圍聊蔽體，雨來還有鹿皮兜（鹿皮藉地為臥具，遇雨即以覆體）。」

老公拿著弓矢去打獵，老婆拿著鋤頭下田。無衣無布，生活卻無憂無慮，身上僅圍著五色的毛毯遮住身體，下雨了鹿皮還可當雨衣。走在路上，有的人把鹿皮當墊被或蓆子鋪在地上，幾乎人人身上都披著鹿皮。

夏之芳〈臺灣紀巡詩〉：「抄陰尺布不堪縫，無褐無衣可耐風。北地乍寒偷射獵，人人盡是鹿皮翁。」（番無男女不著衣袴，皆以青布數尺，橫披下體，曰：抄陰。北番則又多披鹿皮者。）

原民遮住下體的青布叫「抄陰」，已經很破爛無法再縫補，可是他們身上無衣無布可以遮擋北風，北方原民多披鹿皮，北地氣候突然變寒冷，只有趕快偷偷射鹿，剝了鹿皮當衝鋒衣來擋住風寒，所以稱為「人人盡是鹿皮翁」。

鹿皮也可以當作家中的裝飾品，《臺海使槎錄》說原民用竹片鋪在地上，上面鋪著鹿皮，比較舒服也美觀。有錢人擺木床在家，增添家中的美感，但晚上仍睡在地上。

這讓我想起多年前到南非附近的賴索托王國，路上看到的黑人都披著一張毛毯，

32 黃叔璥《臺海使槎錄．番俗六考．南路鳳山番一》卷七。

有三大功用，可以防太陽、下雨、冬寒，像萬用毯蓋在身上，但他們不是用鹿皮，而是羊毛織成。直接把鹿皮披在身上省事多了，保暖、防雨、防灰塵、防蒼蠅、防蚊子，真是聰明。

閩浙總督覺羅滿保進貢的第二項就是刺竹五桶，現代人如果收到這種禮物，一定感到莫名其妙，不知道該擺在哪裡，丟掉還要花垃圾袋的錢。但覺羅滿保堅持千里迢迢送上北京，一定有他的道理。

中國物產豐富，康熙富可敵國，進貢的番種刺竹，其他地方沒有出產，才有地方特色，並能滿足皇帝的好奇心。且他覺得臺人十分倚重刺竹，把它當圍籬，這麼寶貴的刺竹，希望皇上也能看看這種刺竹在當時的臺灣，竟然是比電子鎖、防爆門更貴重的禮品。

但一片真心換絕情，同樣的，皇上也是寫著「無用」兩字。覺羅滿保為何獻上寶貴的刺竹？因為他知道刺竹對臺灣的重要性，在沒有城牆的時代，刺竹就是臺人的捍衛戰士、守門神。

貢品中還有牙蕉、黃梨、番薯、番稻穗、會唱番歌的五色鸚鵡、白斑鳩、綠斑鳩、番雞、番鴨、臺猴等，雖然不被青睞，但都可以看見臺灣物產豐盛，以及豐富的特色，很可惜物換星移，有些貢物特色已經消失，或不斷改良、繁殖，現在看來就稀鬆平常了。

## 【第七章】

# 臺灣的山珍海味

臺灣的生活多采多姿，美食令人垂涎，不管是海味或山珍，從康熙以來，就有許多讓人齒頰留香，回味無窮的美食。也有一些在康熙時遭嫌惡的食物，被罵到臭頭，但經過三百多年的不斷進步，已經是醜小鴨飛上枝頭，吃一口讚不絕口。還有一些目前很難了解的古時生活，回憶起來讓人發思古之幽情。

## 滿滿海味的烏魚子

烏魚子是珍貴的年節禮物，荷蘭人占領臺灣時，就懂得享受烏魚子的美味。清領、日治到現在都是高級食品，喜歡海味的人收到烏魚子都知道是份厚禮，是貴重的情誼。

小時候每逢過年過節，老母總會把一匹烏魚子剝開成兩片，塗上高粱酒，火烤幾分鐘後（不可烤太熟，否則太乾會失去油脂和綿密黏性），切成薄薄的一小片，全家人圍著分食，一口黃澄澄的烏魚子，搭配一口白蘿蔔、蒜苗或蘋果，細細咀嚼，珍貴到連一小粒魚卵都不能掉在桌上，每一口都是說不盡的幸福，成為除夕守夜的期待。

同學住在她哥哥家，大一時我跟著去，廚房有兩、三支竹竿，掛滿數十匹的烏魚子。我盯著烏魚子看，想到只有過年時全家分半匹，另一半留著之後吃。同學馬上慷慨地說：「想吃嗎？你拿一匹去吃吧！」原來貧富是有差距的，豐裕還真的能滿足思鄉與口腹之欲。

有一次過年，送烏魚子給從美國返臺的師母，過沒幾天她無奈地說：「我們真的不知道該怎麼吃，就把它放到湯裡面煮了。」

暑假時到希臘旅遊，聽說出產的「地中海蜜蠟烏魚子」是當地人聖誕節慶、舉辦婚禮的必備美味，只要拆開蠟就可以吃。熱心的導遊帶領我們走了一段路去採買，回到臺灣，我帶著感恩的心吃完頂級的蜜蠟烏魚子，但還是覺得臺灣烏魚子最好吃、最有口感。

現在有人抱怨烏魚子很貴、很鹹，「吃不懂烏魚子」。在貧窮的年代吃烏魚子是期待「要團圓過節」，鼓勵「發達了要買烏魚子」，象徵「達成的美夢」，現在吃烏魚子則是感恩與懷念濃濃的家鄉味。

有時老母會買已經取下烏魚子的烏魚殼，拿來煮「烏魚米粉湯」，放點芹菜當作午餐，好吃到讓人口水直流。

昂貴的烏魚腱（烏魚胗），好幾個串在一起烤，咬起來有嚼勁，是最好的配酒菜；還有烏魚膘，口感Q彈，極富營養，但我不敢吃。

烏魚，原名鯔魚，體側銀白，粗狀好動，容易受驚擾而四處亂竄，在東北季風強大吹動下，有躍出水面跳躍前進的特性。烏魚一直講信用，冬至前十日來，後十日離開，在固定的時間游來相會，好像言而有信，所以又稱為「信魚」。俗話說：「冬節呷烏正當時。」、「鹹水烏勝過雞肉箍。」烏魚渾身是寶，所以叫做烏金。

臺廈道高拱乾《臺灣府志》說：「旗後山（冬天捕烏魚者在此）。」康熙時的旗津就是捕烏魚的好地方，「烏魚其子晒乾，曰烏魚子，味佳」。

《諸羅縣志》：「烏魚，臺海之產大數倍，肉白而芳鮮不及。冬至前後，北風正烈，結陣游於內海，累至水底，漁師燎而網之，一罟以百計。」還記載烏魚子形貌與處理方式如「腎狀似荊蕉，………雌者二片，似通印子而大，薄醃晒乾，明於琥珀，肫圓如小錠，鮮食脆甚」。形容烏魚子比琥珀還黃澄澄，烏魚肫很脆，有口感。

烏魚在冬至前後就盛產，從鹿仔港出發，接著游到安平搭港，再游到恆春，在石罅中產卵，之後游回到北路。又說：「冬至以前所捕的烏魚尚未產卵，子多魚肥，叫做『正頭烏』；冬至以後所捕得烏魚，名叫回頭烏，比較瘦弱，因為已經沒有卵了。漁人有的從廈門、澎湖伺時機到赴臺灣採捕。鳳山雜餉，給烏魚旗四十九枝。旗用一幅白布，刊刷『烏魚旗』的字樣，填寫漁戶的姓名，縣印鈐蓋，插於船頭，帶網採捕。」[1]

品嘗肥美烏魚的時節要在冬至前，如果是回頭烏比較瘦弱，價錢當然便宜。

雖然烏魚產量豐富，但不是每個想捕烏魚的人就可以隨便捕抓。當時規定漁船想捕烏魚，先到大員（臺南）領取執照後才能捕烏，再依據漁獲量，繳交十分之一的魚稅。

---

1 黃叔璥《臺海使槎錄．赤崁筆談．賦餉》卷一。

荷蘭人為了固定稅收，採用「包稅制」，只要出海捕烏魚，不管漁獲量如何，都要繳一定稅金。[2]

此後明鄭、清廷也一樣，捕烏魚時，船頭要插烏魚旗，康熙時蔣毓英《臺灣府志》說：「採捕烏魚旗九十四枝，每枝徵銀一兩五分，共額徵銀九十八兩七錢。」

每隻烏魚旗要繳銀一兩五分，共徵收九十八兩七錢，是當時一筆龐大的稅收，對經濟大有貢獻。

巡臺御史兼理學政的范咸，來到臺灣嘗到烏魚不斷地讚嘆，就舉《神仙傳》裡的故事說以前方士介象受到吳王孫權禮遇，在宮殿庭中挖一個洞，注水在其中，好像變魔術一樣，再由池中釣起鯔魚來獻與吳王。

接著用《大業拾遺記》的故事說隋朝時有吳郡（蘇州）的人，上貢四大瓶烏魚細切的魚膾，皇上分給群臣說：「以前介象釣到的烏魚是幻化的，今天的烏魚膾是真的海魚，從數千里外送來，真是一時的奇味。我的故鄉杭州也產烏魚，有江鯔、也有海鯔二種，大的長不過一尺，和臺南府城六、七月間所吃的差不多，到秋末烏魚長的約

一、二尺，才開始豐肥，故鄉杭州產的真比不上啊！」

接著他寫一首詩讚美臺灣的烏魚：「網魚競捕正頭烏，興味頻嫌至後殊。海堀引回憐瘦劇，船頭懸罟急徵輸。釣緡信足驕漁父，幻化無須誑老夫。曾食江鰡爭比得，芙蓉花裏好提壺。」

漁夫們競相撒網捕捉即將產卵的正頭烏，這些烏魚比較肥美，冬至後產卵完的回頭烏，比較消瘦，滋味就不行了。漁船前頭掛上魚罟真期望能滿載而歸，才能應付稅收。漁父們看見滿網豐收內心很驕傲，神話故事中那種從庭前釣到烏魚是變魔術，不用欺誑我。以前吃的江鰡怎能比得上臺灣的正頭烏，此時我徘徊在芙蓉花間，正好提著酒壺配著烏魚下酒！可見烏魚美味已經被他鑑定過了。

鳳山縣教諭朱仕玠有關烏魚子的詩：「子茉初生漾碧漪，金鵶南至翼低垂。瑯嶠山下施罛集，正是烏魚大上時。」

2 戴寶村、王峙萍〈臺灣的烏魚傳奇（小史）〉，《從臺灣諺語看臺灣歷史》。

他還特別註明：「紫菜以子月生海中，故一名子菜。烏魚形似鯔，每歲冬至前自東海來，聚鳳山瑯嶠山下散子，以億萬計。大者五、六斤，小者一、二斤，味甚甘美。腹有魚子，膩滑，性能敗血，有血症者忌食之。」

農曆十一月，就是紫菜初生在水波清澈的水中，一到潮漲潮落時分比較容易採收。太陽直射南回歸線時，就在恆春山下撒網，正是烏魚大產時節。他解釋說紫菜就是農曆十一月生在海中，名為紫菜。烏魚都會聚在鳳山恆春山下產卵，數目龐大以億萬計算。一隻大的烏魚約五、六斤，小的約一、二斤，味道甘美，不過有血症的人應該忌食。

乾隆期間曾任鳳山縣儒學訓導的陳繩，他的〈烏魚〉：「墾玉元珠遍體緇。揚鬐奮鬣滿天池。須知滬箔橫施處，要在葭灰未動時。日映波光添繡線，鱗翻浪影簇烏旗。江鯔味薄河鯔小，爭比炎方海錯奇。」

烏魚全身黑溜溜的像黑琥珀一樣耀眼，在海水中奮勇地搖動魚鰭，節候未到以前，必須放入漁箔來攔住河流阻擋魚。陽光下成群的烏魚翻騰游泳而至，簇擁著烏魚旗，江鰡味道比較薄，河淄體型很小，烏魚真比得上南方種類錯雜的海產。

烏魚子價值極高，製作烏魚子，要先用漬鹽曝乾，用石頭壓到很堅硬，這樣才能收藏較久。吃的時候要用文火烤且不能過焦，切成薄片，是有錢人吃的食品。

光緒年間盧德嘉〈鳳山竹枝詞〉說：「一帶漁家住海邊，烏魚捕得慶盈船。正頭肥美回頭劣，入市人人問價錢。」

他寫出討海人的心聲，捕到滿船的烏魚，表示今年要發了，可以好過年。這正是正頭烏肥美的季節，回頭烏比較不值錢，拿到市場去，人人都來問個好價錢。

當時烏魚盛產也會帶動鹽業，劉家謀的《海音詩》就寫：「醃瓜，四時皆有，和醬食尤佳。烏魚，至冬方盛，家家醃而藏之。二者皆課鹽所賴以銷者也。」醃瓜和烏魚都要靠鹽巴來醃漬，漁獲的銷售與課鹽稅有很大關係，劉海音寫：「浩浩飛颱競捲沙，秋棚何處覓新瓜。烏魚歲晚無消息，累得鹽官仰屋嗟。」

瓜因颱風捲沙收成欠佳，瓜棚下找不到瓜。晚歲了還是沒有看見烏魚游出下卵的消息，讓鹽官殷殷期盼，擔心沒人買鹽來醃漬瓜和烏魚子，這樣就課不到稅啊！

討海人乘風破浪去捕烏魚是一件很辛苦的事，我外祖家是茄萣的討海人，他們對大海十分尊敬，連魚都不直接說魚，而要稱呼「福啊」。大概可以招來福氣吧！他們的門楣還拜著一條紙糊的魚（從不敢問是什麼魚），那年如果漁獲豐收，就可以過一個快樂的新年。

烏魚滿船而歸是老天的福澤，能夠吃到烏魚子，滿口鹹鹹的海味是臺灣人的幸福，一碗香濃的烏魚米粉更是深藏著老母的味道與對她的思念。

## 被嫌臭的梨仔茇

小時候住在鄉下，前後院都長滿夾竹桃，還有芭樂、蓮霧、龍眼等水果。春天過後，只想偷採幾顆龍眼吃，腳剛跨上低矮的圍牆，就聽到阿嬤的喝止聲。印象中院子裡的土芭樂又小、又硬、又酸澀，更可怕的是子粒很多，不小心會咬斷牙齒，只能留給小鳥啄，根本不會有人想採來吃。

現在市場上賣的芭樂又大又好吃，種類多到分不清。有帝王芭樂、珍珠芭樂、水晶芭樂、紅心芭樂等。

每年我姊都會託人到臺東買整箱的水晶芭樂寄到臺北，她是省錢達人，常說：「自己吃，買次級品就很好了，只是外表稍微傷到，滋味都一樣。這種水晶芭樂很難買，一上市就搶光，我還是託朋友買的。」可口的水晶芭樂果真名不虛傳，感謝阿姊的愛心。

「珍珠芭樂」翠綠欲滴，農民使用牛奶發酵製成的液肥灌溉，又被稱為「牛奶芭樂」。

最好吃的還有「帝王芭樂」，它是珍珠芭樂與無籽芭樂雜交而成，果實更大，甜度更高，也很脆，有芭樂之王的美稱，尤其一口咬下發出清脆的聲音，好像告訴你人生好幸福啊！

經過改良後的芭樂清脆爽口，不再又小、又硬。熱量低、纖維含量高，有豐富的維他命C，被稱「水果之冠」，能增加身體的抵抗力、免疫力，還有強大的抗氧化能力，也有幫助鐵質吸收、加速傷口癒合等功效。同時含有豐富的鉀和葉酸，可以幫助身體的電解質平衡、調節肌肉收縮、參與蛋白質和紅血球的合成，清除自由基，最適合糖尿病患者食用。

芭樂又稱「梨仔茇」，臺灣最早提到梨仔茇的是高拱乾《臺灣府志》：「芭樂，即梨仔茇。」以前的芭樂多種在荒郊野外，無地不生。芭樂花是白色的，很香，果實有如石榴，所以叫芭樂。

沒想到清領臺灣時，梨仔茇可是嫌惡水果，身上發出的臭味讓人望之卻步。從清廷來臺的文人、學者，對芭樂都沒好話。

郁永河說：「獨芭樂不種自生，臭不可耐，而味又甚惡。」他沒看到臺灣土地的肥沃而「不種自生」，生命力超強，卻只強調臭與味惡。

周鍾瑄在康熙五十六年主修的《諸羅縣志》也批判：「氣濁而臭；土人嗜之。無地不有。」到處都有的芭樂，氣味又臭又濁重，只能「伐其材為薪」，砍來當柴火。又說：「芭樂，俗所稱梨仔茇者也；臭如雞屎，番酷嗜之。投以鮮荔子，或以為惡。」完全不留情面地說芭樂的味道臭得像雞屎，原民們竟然喜愛，反而不喜愛荔枝呢！

黃叔璥《臺海使槎錄》不客氣地說：「土人酷嗜梨仔茇，一名芭樂；肩挑擔負，一錢可五、六枚，臭味觸人，品斯下矣。」嫌來嫌去都說梨仔茇不僅味道臭、品相差，簡直一無是處，竟然還有人挑出來賣，一錢能買五、六個。

董天工《臺海見聞錄》：「芭樂俗名梨仔茇，郊野遍生，花白頗香，實稍似榴，雖非佳品，臺人亦食之，味臭且澀，而社番則皆酷嗜焉。」芭樂花很香，果實像石榴，但很臭且澀，並再一次強調不但原民愛吃，連臺人也吃。

乾隆年間來臺的朱仕玠乾脆寫一首詩來嫌棄：「入市果憐梨仔茇，垂簷花薄貝多羅。世人臭味應難識，一種差池可奈何。」（梨仔茇，即芭樂也。其氣臭甚，不可近。土人以為珍果。貝多羅，土人名為番花，開時未有過問者。）朱仕玠更誇張說貝多羅開花時很臭，根本無人敢聞。一進到市場，天啊！梨仔茇和貝多羅花一樣臭到不行（不知有沒有榴槤臭），薰得讓人幾乎無法靠近，最奇怪的是，土人卻把它當成珍果，真的是海邊有逐臭之夫。

嘉慶年間來臺的薛約寫〈臺灣竹枝詞〉：「見說果稱梨仔茇，一般滋味欲攢眉。番人酷嗜甘如蜜，不數山中鮮荔支。」（芭樂一名梨仔茇。）

薛約對梨仔茇抱怨連連，聞到它的氣味就要蹙眉頭，土種芭樂果實小小的，咬下去有些苦澀且硬，然而，不可思議的是原民們愛它甘甜如蜜，不輸給吃到山中的鮮甜荔枝。

道光年間來臺的劉家謀強調梨仔茇味道很臭，原民很喜歡吃，「梨茇登盤厭荔支」，看到荔枝反而厭惡，看來當時原民眼中的芭樂勝過荔枝。

可惜臺灣野生種的芭樂得不到青睞，只是又小、又硬、又澀、種子又多的茇仔，到處亂生，只有小鳥肯光顧，還有原民們捧場，一直無法洗刷味臭惡名。經過二、三百年歷史的洗禮，臺灣芭樂有著原本強健的樹種，生長旺盛的基因，能夠生長在各種不同土壤和氣候，經過這麼多年的品種改良，已經像醜小鴨變鳳凰，完全不可同日而語，又大、又香、又脆、又甜、種子又少，是市場的搶手貨。商人研發的芭樂汁、芭樂乾，都是賺大錢的熱銷飲料與食品。

不僅是市場熱銷，製作客家擂茶時，放在缽內研磨茶葉、穀物和其他食材中的擂茶棒，就以芭樂樹製成的最佳，其他樹木不適合，因為在研磨時，擂棒的成分也會加入能健胃整腸的芭樂樹，加上材質夠硬，最適合製作擂棒。

能力是贏得尊重的最好方式，梨仔茇已經脫胎換骨，靠著國人不斷努力，展現實力，贏得消費者青睞，再也沒有人敢瞧不起芭樂，嫌它臭、嫌它難吃了。

## 其臭可惡的番木瓜

番木瓜招誰惹誰了？被這樣糟蹋，真的有這麼臭、這麼可惡嗎？

除了芭樂外，臺灣水果背負著「臭」名的還有番木瓜。大概來臺官員沒有看過、吃過，就露出嫌惡眼神，以為有異味。

木瓜，學名番木瓜，又稱萬壽果、南瓜、滿山抛、樹冬瓜、番仔木瓜、番瓜、番瓜樹等。《本草綱目》稱「石瓜」，因外形很像瓜，又硬得像石頭，所以叫石瓜。木瓜的乳汁含木瓜蛋白酶，是製作鬆肉粉的主要成分。

臺灣美味的木瓜牛奶赫赫有名，也是臺灣限定飲品。夏天來一杯，既營養又可口。農糧署特別教大家製作，將熟木瓜、鮮奶及冰塊（比例一：二：〇．五），放入果汁機中，加以攪打，就能有黃金比例的木瓜牛奶，最好十五分鐘內喝完，時間太久怕會有苦味。木瓜含有多種醣類、維生素、木瓜鹼、木瓜酵素，餐後食用能使蛋白質與脂肪易於消化吸收。

最早提到番木瓜的是蔣毓英《臺灣府志》：「木瓜（俗呼寶果樹。與白蓖麻相似，葉亦彷彿之，實如柿，肉亦如柿，色黃，味甘而膩，中多細子）。」

木瓜竟然有「寶果樹」的別名，現代人大概都不知道，應該說它很寶貴吧！和白蓖麻長得相似，葉子也差不多，果實、果肉都像柿子，中間多木瓜子。

康熙時，陳文達編纂的《臺灣縣志》稱讚木瓜「切片，漬以糖或醃，俱可食，味亦佳。又能治腳風」。

有名的料理「涼拌木瓜絲」，就是把青木瓜切絲，過鹽後使用冷開水除去鹽分，加糖、魚露、花生、檸檬汁、蒜末調味拌食，既開胃又清爽，夏天吃讓人食欲大振。大家都以為這是泰國料理，其實早在康熙時，臺灣就懂得將木瓜切片，稍微醃一下就很可口了。最常見的是把木瓜當水果食用，幫助消化、促進腸道蠕動，延緩老化、減緩黃斑病變等。木瓜湯也是產後孕婦促進乳汁分泌的好選擇，功用可真多。

乾隆時，朱仕玠在臺灣看到番木瓜，想起《詩經．衛風》說：「投我以木瓜，報之以瓊瑤。匪報也，永以為好也。」

意思是你贈送木瓜給我，我拿珍貴的美玉回贈你。不單是為了回贈，而是為了兩情兩悅，此情能長長久久。他寫下一首詩：「投贈曾聞賦衛風，蠻州種別幹如銅。了無香味傳書案，濫竊烏欄正未公。」[3]

3 朱仕玠《小琉球漫誌．瀛涯漁唱》卷五。

我曾讀過《詩經．衛風》：伊人送給我一顆木瓜，我就回贈她美玉。為的是兩情相悅，彼此相愛啊！但這個南方的蠻地（臺灣）所種的番木瓜卻是另一個品種，和中國的不一樣啊！樹幹是古銅色，開小白花，一點都不浪漫。這裡的番木瓜，我坐在書桌旁，連一點香味都沒聞到，還有什麼愛情可言，但說它隨便竊取烏欄蟲蛀木瓜的名也不公平。

他還特別注解：番木瓜的樹幹高聳直立，而且是古銅色，開出白色的花，木瓜外表有五稜，竟然沒有一點香味。當地土人用鹽醃漬，當作菜蔬吃。並舉《大明會典》為例說：「宣州每年貢獻一種烏欄蟲蛀木瓜，把它納入御藥局裡當藥品。取其陳無木氣也。」木瓜陳久沒有木氣，才能當作藥材。說番木瓜為竊取烏欄蟲蛀木瓜的名不公平，因為番木瓜就是沒有香味！

木瓜無香味，可是有些人還覺得有異味。

王凱泰《臺灣雜詠》說：「珠湖美酒最芳芬（高郵有木瓜酒），鄉味難忘是半醺。聞道此邦有佳果，不堪投報誦詩云。」（臺人好食木瓜，其臭可惡。）

王凱泰是揚州人，古稱高郵。他說揚州珠湖釀的木瓜酒最芳香，微醺時，這種故鄉味最讓人難忘。我到臺灣後聽說有番木瓜這種水果，以為是好吃的，沒想到太臭，讓人厭惡。實在無法投桃報李，禮尚往來，拿來贈送給友人。

無辜的木瓜真的顧人厭嗎？

小時候，故鄉的親戚來找我們，送了兩顆大木瓜，物資缺乏的年代，只要有東西吃就好。我們很開心地剖開吃了，奇怪的是感覺有點鹹味，而且有怪味。他們家的木瓜長在茅坑旁（那時鄉下沒有抽水馬桶），從此我不敢吃木瓜，也不敢評論滋味，看到王凱泰對木瓜的評語，比較能體會他的心情。

比王凱泰晚到臺灣的唐贊袞也嫌木瓜臭，他在《臺陽見聞錄》這樣寫：「番木瓜，一幹直上，色如青桐，葉生樹梢，花色白，出杈椏間，結實稜，無香味，與內地木瓜絕不類。居民用鹽漬以充蔬，或浸以酒可療足疾，臭不可聞。」

不知他是否抄用王凱泰的說法，認為臺灣番木瓜和中國的木瓜絕不相同，也可以把木瓜醃漬當蔬菜食用，或是泡木瓜酒，可以治腳病，但木瓜真的非常臭。

番木瓜被誤解而啞口無言，還好經過這麼多年，臺灣木瓜不斷改良，已經不是吳下阿蒙，沒人敢說有臭味或令人可厭。現在的番木瓜果型大，果肉紅色鮮豔，芳香多汁，香甜可口，是大家爭著吃的水果，已經洗刷惡名，在市場占有一席之地。

## 超級美味的麻虱目

早在明鄭時，他們就覺得虱目魚很貴重。高拱乾《臺灣府志》更讚嘆虱目魚的美味：「草埔五塭在安定里（臺南安定）。夏秋產麻虱目魚。」又說：「麻虱目水波化生，倏而大，倏而無，其味極佳。」臺南安定夏秋盛產虱目魚，味道非常佳美。

周鍾瑄《諸羅縣志》說：「麻虱目魚，塭中所產，夏秋盛出，狀類鯔，鱗細。鄭氏時，臺人以為貴品。」又說：「鄭經酷嗜麻虱目，臺人名之曰皇帝魚。」魚塭出產的虱目魚，在鄭成功時代就被當成貴重食品，鄭經更是喜愛吃虱目魚，臺人就稱為皇帝魚。

不僅鄭經懂得欣賞美食，臺南人最愛的早餐就是虱目魚粥。

臺南地方法院出現一個有趣判決：

一位六十六歲老翁，某天上完大夜班，回家路上繞道吃早餐，卻發生車禍而骨折住院。出院後向勞保局申請職業傷害醫療給付卻被拒絕，因此提起行政訴訟告發勞保局。法院認定，原告是長住臺南的年長者，上完夜班後去吃鹹粥當早餐，是他一天的小確幸。不能只把鹹粥（虱目魚粥）當作一般早餐，而是「日常生活所必需的私人行為」，結果老翁告贏了！

哈哈！法官真是太了解臺南人。說來臺北人可能不信，我住臺南的表弟，早餐就一定要吃一大碗虱目魚粥。

我也是虱目魚的粉絲，回臺南不僅一定來碗虱目魚粥，每當盛產的季節，在臺北，餐桌上幾乎天天都有氣炸鍋炸出的虱目魚肚，還有臺南宅配來的好吃虱目魚丸。虱目魚肚脂肪特別厚，咬一口油滋滋，實在是人間美味。

讀小學時因越區就讀，下課後要留下來惡補。母親怕我餓著了，就請從故鄉來幫人縫衣的珠姨，讓我有補習的那天先去她家吃晚餐。餐桌上常有乾煎的虱目魚肚，魚香味讓我完全失去克制力，無恥地吃光全部的魚肚，一點都不留給她的家人。過了許多年，我才好意思和母親「告解」。

除了虱目魚肚之外，虱目魚腸、魚鰾都是美味。

有回我告訴正在殺虱目魚的魚販，魚腸和魚鰾不要扔掉，他很好奇問是不是要給貓吃？我說小時候都吃這個。他露出不可思議、悲憫的眼神，很好心地在紅紅的洗魚水中撈一些丟棄的魚鰾給我。只有臺南人才知道煎魚腸、魚鰾的美味。我侄女到臺南應考，親戚帶她吃乾煎虱目魚腸，從此念念不忘魚腸美味。

臺南虱目魚館老闆娘還好心告訴我們，捕抓虱目魚前，要先戲魚，魚受驚後將排泄物排淨，魚腸才能吃。

連橫的《雅堂文集》說：「麻薩末，番語也，產於鹿耳門畔。漁者掬其子以畜之塭，至秋則肥，長及尺。相傳延平入臺，始有此魚，因名國姓魚。」

民間傳說國姓爺鄭成功登陸臺灣時，兵士苦無鮮魚可吃，鄭成功指著海說：「莫說無，撒網下去就有收穫。」下網果真撈捕許多魚，所以叫做「國姓魚」或「莫說無」，而「莫說無」諧音為「麻虱目」，傳久後就稱為虱目魚。

相傳「麻虱目魚」一直到死，眼睛都不曾閉過，因此有人穿鑿附會說鄭成功是「壯志未酬身先死」的悲嘆。

還有一說：鄭成功抵臺登鹿耳門時，漁民盛情款待，獻上此魚，鄭成功覺得好吃，問道：「什麼魚？」漁民以為國姓爺賜名「什麼魚」，此後訛音為「虱目魚」。也有人說鄭成功「呷好道相報」，將魚獻給南明魯王，魯王吃後也成為粉絲，大悅之餘賜名「國姓魚」。反正虱目魚早就征服臺南老鄉的味蕾與胃，說是死忠粉絲一點不為過。

朱仕玠〈瀛涯漁唱〉一百首之五介紹虱目魚：「鳴蟞幾日弔秋菰，出網鮮鱗腹正腴。頓頓飽餐麻虱目，臺人不羨四腮鱸。」（麻虱目，魚名。狀如鯔魚，細鱗。產陂澤中，夏秋盛出。臺人以為貴品。）

秋季蟲鳴是出水茭白的季節，漁夫採收豐肥的虱目魚，臺灣人每頓飯都可以飽嘗肥美的虱目魚，好吃的滋味使臺人一點都不羨慕上海松江有名的「四腮」鱸魚。詩中記載得很真實，二百餘年後的今天，詩中傳頌的虱目魚美味，依舊在臺灣人們的嘴裡，散發著令人心滿意足的口感與暖意。

## 一口也吃不到的鹿肉

臺灣以前盛產鹿，如果冬天來個熱騰騰的鹿肉火鍋、燒烤鹿肉、鹿肉大餐，該多美滿！郁永河初來臺灣時，觀察到原民捕抓到的鹿，其實都交給社商換錢，剝下鹿皮後，只剩一些鹿頭、鹿腸，沒真正享受到鹿肉全餐，所以在〈土番竹枝詞〉說：「竹弓楛矢赴鹿場，射得鹿來交社商。家家婦子門前盼，飽惟餘瀝是頭腸。」（番人射得麋鹿以付社商收掌充賦，惟頭腸無用，得與妻孥共飽。）

拿著竹弓與用楛莖為箭桿的箭，拚老命去射鹿的原民們，已經將鹿重要的皮、角等交給社商，家中老小只能吃些鹿頭、鹿腸，塞塞牙縫，騙騙自己有吃到鹿。

黃叔璥《臺海使槎錄》寫了許多原民如何捕鹿、剝取鹿皮、煎鹿角為膠、醃漬鹿肉的事。他對傳說中的鹿肉，已經流了許久口水，以為到臺灣一定能大快朵頤。但來到臺灣卻讓他超級失望，竟然連一口鹿肉也吃不到。

有期待就有失望，他抱怨說：「大家都說臺灣鹿很多，很想吃一口鹿肉，但門都沒有。到了冬春時，原民就把鹿切成一小方塊，重約一斤，都用鹽巴醃過，送到府城來，可是肉都變黑，味道都變臭了，實在無法用筷子夾來吃。」無法適應生鹿肉腐臭的味道，一口都不敢吃。他只有繼續抱怨：「雖然是這樣，鹿肉還是很貴啊！」[4]

> 雍正六年，巡臺御史夏之芳〈臺陽紀遊百韻〉：「鹿脯魚酢久封緘，腐敗難堪一解饞。味嗜易牙翻惹笑，枉拋心力辨酸鹹。」（番食不愛鮮潔魚肉，必醃漬，至味變色臭，始取食之，啖以熟食之，精者多不喜焉。）

原民的飲食習慣不愛吃新鮮食材，反而喜歡吃醃漬過的食物。對仕臺官員而言簡

---

4 黃叔璥《臺海使槎錄．赤崁筆談》卷三。

直是地獄來的腐臭味，鹿肉醃過的顏色變成黑色，實在讓人無法下嚥，要辨別酸鹹是浪費氣力。想吃吃新鮮鹿肉，實在是不可能的事。

乾隆二十八年，擔任鳳山縣教諭的朱仕玠也吃不到鹿肉，很失望地寫一首詩：「乘輿飄然渡海東，便思大臠出廚中；哪知蕉鹿終成夢，食指長慚誤子公。」（臺地鹿雖多而街市無賣者。凡官臺三年任滿，未嘗生鹿一臠，不獨學署窮員也。）

他特別聲明，風聞臺灣有很多鹿，想來頓鹿肉全餐，但街市上沒有販賣。我到臺灣當官快任滿三年，還沒嘗到一塊鹿肉啊！不只是我這種學署的窮員，很多人都吃不到。詩的意思是，我興沖沖飄洋渡海到臺灣，就是期待能吃到一大塊鹿肉，卻盼到一場空虛，哪知夢想吃鹿肉，竟然成為真正的一場夢，恐怕要很慚愧地面對食指大動的「子公」[5]啊！

吃不到傳說中的鹿肉讓人惆悵與遺憾，還好過了一年，終於有機會吃到，他在《小琉球漫誌》感慨說：「他們都以為臺灣產鹿，一到臺灣鹿肉必定吃到飽。沒想到想吃一塊生鹿肉都得不到啊！乾隆二十九年四月間，我在府署的書院，剛好府署裡面有一頭鹿快死了，就把牠殺了，買了一大塊來吃吃看，味道實在不太行，沒有想像的好吃。」

終於盼到有一天府署的小鹿快死了，可以把牠殺來吃，結果大失所望。原來夢想都是美麗與動力，傳說就像仙境美好，想像永遠勝過事實。朱仕玠一直期待吃到生鹿肉，發現竟然沒有想像中好吃。吃不到很遺憾，吃到了更遺憾（現在臺灣也很少吃鹿肉）。

我曾在寒冬的日本溫泉旅館，外面飄著雪，窗外的火爐點燃熊熊大火，泡著溫泉熱呼呼地嚐口生馬肉，可以當成涮涮鍋，也可以火烤，每口都很鮮嫩，像和牛一樣好吃，真是難忘的經驗。

朱仕玠失望歸失望，至少他嘗試過。

---

5 典出《左傳・宣公四年》。春秋時楚人獻大鱉給鄭靈公，此時鄭國大夫子家與子公將入朝覲見，子公忽然食指動，就告訴子家說：「他日我如此，必嘗異味。」

## 鹿釵、鹿脯、鹿筋、鹿茸都是寶

雖然沒吃到鹿肉，但鹿渾身是寶。原民們把射到的鹿交給社商賣，換點錢當作繳稅金，皮剝掉了，社商不要剩下的鹿頭、鹿腸，開心拿回家給一家老小飽食一餐，鹿的內臟可以在甕中醃漬，名叫「膏蚌鮭」，拿來配酒吃，味道臭得很驚人。

有的人把鹿肉製作成肉乾叫「鹿脯」，當成婚禮上珍貴的食物。康熙舉人吳廷華在雍正年間曾來視察臺灣倉庫，並協同諸羅縣平亂，他參加社寮原民的婚禮寫下〈社寮雜詩〉，二十首之十三：「嘉禮初成笑語闐，車螯鹿脯滿長筵。原知有賺期生女，果是新增打喇連。」（番重女輕男，以男必出贅，謂之無賺。以女必招贅，謂之有賺。打喇連，番人謂婿也。）

社寮原民婚禮後的酒席上，大家開開心心很熱鬧，桌上擺滿海鮮車螯與山珍鹿脯，因原民們重女輕男，女的可以招贅，他們期望生女兒，家中可以新增一個女婿，覺得很有賺頭。

原民會親手磨鹿釵當作聘禮，〈社寮雜詩〉二十首之十五：「琴瑟更張意已乖，蕭郎歧路為誰排。回頭斷齒追歡日，尚賸親磨鹿角釵。」（夫婦不相能離異不往顧。土番多手制鹿釵為聘。番女成婚則去二齒，以別處女。）

原民結婚前為了表達情意，都親手磨製定情的鹿角釵。而原民女結婚前要先拔掉兩顆牙齒，代表從此成年，不再是處女了。可是人生難料，當兩人的愛情已經淡薄，想要分手說掰掰，此情可待成追憶。然而回憶徒增傷感，只有剩下當初求愛定情的鹿角釵了。

鹿筋具有補腎陽、壯筋骨的功效。道光時來臺的吳敦仁看到鹿筋，在〈鹿筋〉歌詠一番：「剖來全鹿解留筋，供入賓筵酒味醺。不似養茸當補益，卻嫌市脯尚羶葷，食非雞肋稱觴便，熟並熊蹯借箸分。猶記芝田銜草日，班龍珠頂別毛群。」

原民們剖開全鹿，剝下鹿筋熬煮，成為酒筵上的佳餚，賓客喝的醺醺然。鹿筋不像鹿茸滋補，也少了鹿脯的鹿騷味。不像雞肋無味，煮熟後和熊掌一樣珍貴，讓賓客舉筷分食，大夥兒開心地舉杯祝酒。猜想這隻鹿以前一定吃過芝田仙境的草，鹿角在走獸中是最頂優的，吃了對身體極健康。

除了鹿脯、鹿筋、鹿茸都是貴重物品，原民把鹿角熬成膠，「角百對，只可煎膠二十餘觔」，[6]因為要花很多氣力，才熬成這麼一點點膠，物以稀為貴，價值很高，就像現在街坊賣的龜鹿二仙膠，值錢且昂貴，強調強化骨頭、關節。

## 鹿脂勝馬油

鹿肉雖然不好吃，但全身是寶。原民會抹鹿脂以去邪穢，婦女也會把鹿脂拿來擦抹身體、頭髮。

郁永河《裨海紀遊》：「間有少婦施膏沐者，分兩綹盤之，亦有致；妍者亦露倩盼之態，但以鹿脂為膏，戲不可近。」

有些少婦沐浴後薄施脂粉，盤起分成兩綹的頭髮，別有一種風致；美人兒露出巧笑盼兮的姿態，只是用鹿脂來當髮油塗抹，味道濃得嚇人，實在令人無法靠近。

朱仕玠還說：「以前原民婦女會把鹿脂油擦在身上，當作香味。」

明代來臺的「海東文獻初祖」沈光文有詩說：「鹿脂搽抹遍，欲與麝蘭爭。」全身抹上鹿脂，想和蘭花爭香。如果全身抹上鹿脂或用來潤髮，就稱為「奇馬」，現在愈來愈少用了。[7]

也有原民拿鹿脂來塗抹手足，使皮膚堅厚，就不怕原野中的藤刺。就像日本馬油，用來抹身體、修復皮膚，或做滋潤、修復頭髮之用，有的還拿來當治療燒燙傷的膏藥。

原民也會把鹿脂塗抹在葫蘆上，用力搓磨，整個葫蘆表面變得格外晶亮，大的葫蘆可以用來裝行李，下雨了不怕浸溼。原民送公文時放在裡面，戴在頭上，也不怕渡河會進水。即使漢人想重價收購，原民也不想賣。

臺灣山野平原的拓墾，環境、生態的變化，加上大量捕鹿，野生鹿逐漸稀少。到

6 黃叔璥《臺海使槎錄．赤崁筆談》卷三。
7 朱仕玠《小琉球漫誌．海東賸語．抹鹿脂》卷八。

了嘉慶年間，《臺灣志略．物產》寫到：「麋鹿，舊盛產，今取之盡。」不斷濫捕、濫抓，終於都被抓光，道盡了臺灣野生鹿消失的悲歌。

【第八章】

# 臺灣古早的生活

現在紡織業非常進步，穿的衣服有棉、麻、蠶絲、醋酯纖維、聚酯纖維等質料，要穿什麼就有什麼。可是三、四百年前，臺灣原民本是以天地為房子，把屋子當作衣褲，生活逍遙自在的人，之後穿鹿皮，慢慢運用智慧來紡織衣服，冬天可以禦寒。

他們衣服質料到底是什麼？那時臺灣的人到哪裡買肉？清官員眼中的臺灣人如何生活？臺灣女人如何過日子？

## 狗毛織的達戈紋

臺灣人愛狗，把牠當成小孩，萬一毛小孩升天了，還把牠的骨灰嵌鑲成戒指、項鍊等，戴在身上當紀念品，但康熙時的原民們會把狗毛拿來當衣服、飾品。

除了高大的番犬可以幫助原民捕鹿外，原民會把鹿皮穿在身上。番社還有另一種異種狗「白獅犬」，白色的長毛被拿來製作衣物或毛毯。

一六二八年，荷蘭人治臺後的第一任基督教牧師干治士（Georgius Candidius），在平埔西拉雅族（Siraya）新港社停留十六個月後，曾記錄臺灣原民使用狗毛製作服飾。

他記載臺南縣北部新港、麻豆、蕭壠等七社，有錢的男原民，結婚的聘禮「必甚為豐厚，其中包括十或十二只用紅色狗毛串在一起的戒指，十或十二件用狗毛製成的衣服，以及一人可攜帶之量的大簇狗毛，稱為『Agammamiang』，當地原住民認為價值很高；此外，還有一件用稻草與狗毛編織而成，式樣如主教法冠的頭飾」。

他也指出：「原民婦女在慶典中穿著以狗毛織成的服飾，這是她們最珍貴的服飾，每年將這種狗的毛拔下，撚紡成線染成紅色以做為衣服的裝飾。」[1]可見早在荷治時期，原民已用狗毛來編織、製作衣物和飾品，還是很貴重的衣物。

康熙三十六年，郁永河《裨海紀遊》：「冬寒以番毯為單衣，毯緝樹皮雜犬毛為之。」[2]冬天時原民披著番毯禦寒，毯是用樹皮雜著狗毛編織。他又在《番境補遺》

---

1 參考陳光祖〈綿狗小考——臺灣及美洲異種狗考〉，《臺灣史研究》第十三卷第一期。

2 郁永河《裨海紀遊》卷下。

進一步記錄今日南投縣境的狗毛織品：「水沙廉（連）雖在山中，……其番善織罽毯，染五色狗毛，雜樹皮為之，陸離如錯錦，質亦細密，四方人多欲購之，常不可得。」[3]

郁永河記載水沙連的原民很會紡織毛毯，雜著五色狗毛、樹皮，織出來的毯子有如色彩交錯的錦緞，質地很細密，各處的人都搶著購買，但搶不到。

這麼神奇的白獅犬毛料，是當時的高級品。

末任臺灣長官揆一（Frederik Coyett）如此說原住民：「最好的衣服是用狗毛做的，正如歐洲蓄羊剪牠們的毛一樣。……他們也用這種狗毛結成帶子，用以代替金銀花邊裝飾他們的衣服。」[4]

白獅犬和高大凶猛的番犬不同，白獅犬有寶貝的長白毛，死後毛都被拔光了。周鍾瑄點出：「樸仔籬、烏牛難等社，有異種之狗，狗類西洋，不大而色白；毛細軟如綿，長二、三寸。番拔其毛染以茜草，合而成線，雜織領袖衣帶間；相間成文，朱殷奪目。數社之犬，唯存其鞹。」[5]

樸仔籬、烏牛難等社（豐原），屬平埔的拍宰海族（Pazeh）。那裡產白色的異種狗，體型不大，毛軟綿綿，原民們拔牠的毛染上紅色，搓合成線，雜織在衣領和衣袖之間，鮮豔的紅色很耀眼吸睛。也因為牠們的毛這麼寶貴，害得好幾社的白獅犬死後，全身的狗毛都被拔光，只剩下一張光溜溜去毛的皮。

這種衣服到底叫什麼呢？沈光文〈雜記〉：「原民剛開始穿鹿皮，以後進化為布，或是用達戈紋。達戈紋又是什麼？雜以狗毛織成的衣物叫達戈紋。」

巡臺御史黃叔璥記載：「衣用達戈紋，或衣阜布、白布；俱短至臍。……用白獅犬毛作線，織如帶寬二寸餘。」[6]

原民穿短短的達戈紋到肚臍，用白獅犬的毛做線，織成衣帶寬二寸多，非常寶貴。張湄〈瀛壖百詠〉：「番婦以狗毛、苧麻為線，織成布，染以茜草，錯雜成文，

---

3 郁永河《裨海紀遊．番境補遺》。

4 楊龢之〈白獅犬與達戈紋〉，《科學月刊》第四七八期。

5 周鍾瑄《諸羅縣志．風俗志．番俗．雜俗》卷八。

6 黃叔璥《臺海使槎錄．番俗六考．北路諸羅番六》卷五。

朱般奪目，名『達戈紋』。」[7]

六十七《番社采風圖考》說：「番婦以圓木為機，撚絲苧或染犬毛成線為織，名『達戈紋』。」

等到乾隆的朱仕玠親眼看見：「達戈紋又叫卓戈紋。我看過是褐色、藍色，大約三尺多寬，質料好像布毯，土人又叫做番包袱。番人織以為衣；土人買去，當作衣袱。銷路很不錯。」[8]

巡臺御史黃叔璥看到原民婦紡織的情形，寫了〈晝織〉：「蠻孃織作亦殊勤，圓木中空槽口分。尺布可堪持北去，但令知有達戈紋。」

他們巡視部落時，看到原民婦辛勤用廣五、六呎的圓木，中間挖空，白天很認真織出這種五色達戈紋，光鮮奪目。而所謂的達戈紋「是用苧織成，衣領用茜毛織出紅紋為衣，長只尺餘，釘以排扣」。[9]

巡臺御史夏之芳〈臺灣紀巡詩〉之四十九說：「金梭輕擲夜深聞，獨木虛中杼柚分。織就天衣無殺縫，厖毛五色達戈紋。」（番婦織布，以獨木廣五、六尺者，虛其中為機，織毛為五色，曰達戈紋。）

用中空的機杼紡織出來的布為五色的達戈紋。巡臺御史張湄〈衣服〉：「烏衣漸易裸人風，尺布為褌犢鼻同。可但鹿胎花簇簇，達戈紋錦手裁工。」

張湄看到的原民已經穿上黑衣，也穿著用布裁成的圍裙，不再是裸體，這種布由黃褐色底加白色斑點的花紋染成，遠看像一團團鹿胎，衣服也有用達戈紋製成。

## 犬毛織是高貴的聘禮

黃叔璥《臺海使槎錄》說番民穿織有達戈紋的衣服，有的用黑布、白布做成的，剪裁短短的僅遮到肚臍。他也說：「番婦頭帶紗頭箍，名『荅荅悠』；用白獅犬毛作

7 張湄〈衣服〉，〈瀛壖百詠〉。
8 朱仕玠《小琉球漫誌．海東賸語．達戈紋》卷八。
9 黃叔璥《臺海使槎錄．番俗六考．北路諸羅番三》卷五。

線，織如帶寬二寸餘，嵌以米珠。飲酒、嫁娶時，載之。」[10]

「北路諸番」的南投、北投、貓羅、半線、柴仔阬、水里等社，番民們常以白獅犬毛作線和植物纖維織成帶子寬約有二寸餘，上面在鑲嵌米珠，名叫「荅荅悠」。喝酒或嫁娶婚宴時戴在頭上，表示貴重。生男、生女時，男方父母先以犬毛紗頭箍當作訂物，有時饋送糯米飯。長大後請媒人說親，娶親時就殺豬宰牛，請親朋好友來喝酒餐聚慶祝。

水沙連那邊的風俗習慣，沒什麼父母媒妁之言，男生用口琴吹奏挑逗，如果兩相悅合，就招一堆人好像搶婚一樣，把女方擄走；女生也很配合故意哭哭啼啼，一回到家，男方開始準備用刀斧、釜鐺等鐵器類當成聘禮。女方家也準備雞、豕、達戈紋之類衣物回報。如果悔婚，女方逃歸，就要歸返男方下聘的禮物。[11]

馬清樞〈臺陽雜興〉：「閒卻朱提無用處（臺地不用元寶），洋錢買得達戈紋（布名）。」[12]看來達戈紋很搶手，不但是原民重要的衣服，重要時節穿戴上，連外國人也搶著要，而且要外幣才買得到。（雲南朱提山盛產白銀，朱提成為銀的別名。

銀沒有用，要外幣才能買得到達戈紋。）

## 淒涼的吹角賣肉聲

現在買肉會到傳統市場或超市，非常方便。很小的時候住鄉下，會看到牽著腳踏車的賣貨郎來賣雜細，手拿著波浪鈴鼓，聽到響聲的左鄰右舍紛紛跑出來買。此後搬到臺南，午餐時都有賣碗粿的推車沿街叫賣，吃一碗澆上蒜頭醬的碗粿，真是童年美味。半夜也有來賣燒肉粽的小販，喊聲竟像唱歌劇一樣，招呼大家快來買。有時聽到燒開水的響聲，就知道賣麵茶的來了。讀臺南女中時，下午四點左右，圍牆外都有退

10 黃叔璥《臺海使槎錄．番俗六考．北路諸羅番六》卷五。
11 周鍾瑄《諸羅縣志．風俗志．番俗》卷八。
12 馬清樞〈臺陽雜興〉，三十首之十六。

伍老伯牽著腳踏車大喊五香茶葉蛋，就知道快下課了。

陸游寫過「小樓一夜聽春雨，深巷明朝賣杏花」，整夜在小樓上聽著滴答的春雨，明早深幽的小巷中傳來叫賣杏花聲，感覺很雅致，好像杏花香撲鼻而來。

清領時，賣牛、羊、豬肉的都推著牛車沿街吹著號角，更有吹著螺來招睞顧客。

康熙三十六年，郁永河到臺灣，當時都是用牛車運貨，夜裡聽到這種牛車聲和號角聲，感到很好奇說：「耳朵聽到牛車夜行的軋軋聲，半夜醒過來，還懷疑是軍中的號角聲。」[13]

康熙四十四年，孫元衡寫到清晨一起床，在臺階上散步，聽見「如哀如訴車音遠，相喚相呼角語頻」[14]，遠處傳來牛車如哀如泣的響聲，和市集上吹號角賣肉呼喚的聲音，讓他思鄉的憂鬱浮上心頭，特別說明「車輪脆薄，其音甚楚，市賣吹角，若相和然」。牛車輪很脆薄，磨地的聲音聽起來很淒楚，做買賣的商人吹著角，聲音好像互相呼應。

晚一點到臺灣的黃叔璥也寫：「賣肉者吹角，鎮日吹呼，音甚淒楚。冬來，稻穀、糖、靛，各邑輦致郡治，車音脆薄，如哀如訴，時與吹角若相和然。」

賣肉的整天都吹著淒涼的角聲，冬天時運送稻穀、糖、藍靛到府城的車聲很響脆單薄，好像在哀訴什麼，竟然還和賣肉的號角聲相應和。

沿街吹號叫賣的買賣方式，到乾隆十六年，錢琦來臺當巡臺御史時也沒什麼改變，他寫〈臺灣竹枝詞〉：「牛車軋軋響如雷，小集街頭市未開。（鄉間多用牛車載物入市，每五更車聲轔轔，絡繹不絕。）畫角一聲煙樹曉，東方割肉早歸來。（屠門早起多吹畫角，以聲號召。）」

鄉間七早八早就用牛車載貨，車聲很吵雜，屠夫們一大早起來吆喝、吹號角，招

---

13 郁永河〈臺灣竹枝詞〉：「耳畔時聞軋軋聲，牛車乘月夜中行。夢迴幾度疑吹角，更有床頭蝘蜓鳴。」郁永河加注：「牛車挽運百物，月夜車聲不絕。蝘蜓音偃忝，即守宮也；臺灣守宮善鳴，聲似黃雀。」

14 孫元衡〈曉起漫成〉。

呼大家早來買完肉早歸家。

朱景英《海東札記》：「凡是貨物食品都是用土音叫賣，外地人也聽不懂，尤其是賣肉的一路吹號角，好像秋天時在塞上吹號角聲，十分淒楚。」[15]

為什麼要吹角呢？吹角本來自軍中吹號角振奮人心。廣東順德附近，連賣魚都要吹角，其他如北水、古粉等地，也都吹角賣肉。相傳黃巢屯兵在那裡，軍中為市，用號角聲號召，不知是否與這個有關。

乾隆時，吳玉麟說：「晝聞吹角夜聞車。（賣肉者吹角車行，通夜不絕，其聲皆淒楚。）」

直到光緒年間，隨福建巡撫王凱泰來臺的何澂在〈臺陽雜詠〉：「烏烏吹角知何事，幾擔肩挑是賣豨。（豬肉擔，以吹角為號。）」

丁紹儀說得更清楚：「賣豬、羊肉都一樣吹號角，每到農曆十六，吹號角的聲音更悽厲，那天市集大家用力招徠顧客，比賽吃飽喝足。」[16]

康熙時，臺灣用號角聲來吆喝叫賣，應該是考慮能吸引更多顧客注意。為什麼來臺的官員聽起來都很淒楚呢？可能異地他鄉，聽到好像戰爭的號角聲，聯想戰爭的可怕，喚起心中的悲涼。

現代的社會，一大早挑著肉擔，吹著角來叫賣，包準被街坊抗議，擾人清夢，馬上請員警來抓走。要買就去傳統市場或超市，各取所需。街道上不再有叫賣的人聲，還真的少了人情味。

有時偶爾還可以聽到騎著機車的人，用麥克風叫喊修理紗窗、玻璃門等，在物質極度發達的社會，小東西都找不到人修，多數舊物修理的工作賺不到多少錢，叫賣的行業幾乎完全式微，對這些堅守行業的人，大街小巷叫喊，讓人心中充滿敬意。

---

15 朱景英《海東札記》：「凡貨食物，率土音叫唱，不可曉。賣肉者沿街吹角，如塞上高秋時，難勝淒楚！」

16 丁紹儀《東瀛識略》：「市豕羊肉者吹角為號，其音嗚嗚，聽之悽楚；每值既望，角聲彌厲，蓋是日市廛競饜酒肉。」

## 姐愛撐傘、愛吃檳榔

夏天到歐洲，在烈日下行走，看到有人撐花傘，十個有九個是臺灣來的婆婆媽媽。臺灣婦女以愛撐傘聞名，已成歐洲一景，其實從康熙時期就有了。

康熙五十六年修的《諸羅縣志》說當時「男多於女，有村莊數百人而無一眷口者。蓋內地各津渡婦女之禁既嚴，娶一婦動費百金」。因為「渡臺禁令」的關係，當時男女人口比例嚴重失衡，臺灣女性人口偏少。俗重生女，不重生男。男性常出贅於人，女性則納婿於家，娶一個老婆需要花費數百金，才會造成：「一個某（妻），卡贏三個天公祖。」不得了的天公祖！

夏之芳〈紀巡百韻〉八首之一：「流移到處愁人滿，蜂擁蟻行簇馬蹄。雜沓連炊渾不詑，由來十室九無妻。（臺地丁男不下百萬，有眷口者十之一二。故單丁類聚甚夥。）」

流動到各處都是擠滿愁人，忙忙碌碌、四處奔波，卻是十室有九個沒老婆，太悲哀了，臺灣有家眷的男丁十個僅有一、二個，到處單身者聚集。婦女在這種環境下，當然被寶貴、被驕寵，婦女的生活方式讓仕臺官員看了很不順眼。他們眼中的臺灣婦女是「愛穿華服、愛撐傘、好看戲、愛吃檳榔」的懶女人，對她們不管禮教約束的行為進行口誅筆伐。

## 姐愛玩樂、重打扮

康熙二十五年（一六八六年）刊行的《福建通志臺灣府》：「臺地不蠶桑，不種棉苧，故其民多遊惰。婦女衣綺羅，妝珠翠，好遊成俗，則桑麻之政，不可緩也。」

官方眼中的臺灣不種桑養蠶，也不種棉苧，人民喜愛遊蕩，生活懶散。婦女們喜歡打扮美美的，穿綾羅、戴首飾，出去招蜂引蝶、吃喝玩樂成為一種風氣，施行桑麻的政策不能再拖。

《諸羅縣志》稱：「婦女過從……衣服必麗，簪珥必飾，貧家亦然。」[17]

17 周鍾瑄《諸羅縣志・風俗志・漢俗・雜俗》卷八。

又說臺灣：「多男少女；女好逸樂，即女紅不事紡績，以五絲刺雲日、花草、麟鳳、魚龍、美男子、婦人之狀相矜耀為觀美。故曰男耕而食，女不織而衣；臺郡皆然矣。」

男多女少的社會，批評女人喜歡遊樂、不喜歡紡織，只愛刺繡一些花花草草，雲日、魚龍、俊男、美女等花樣，互相誇耀。所以說臺灣社會都是男耕而食，可是女子不紡織卻愛穿美衣。

藍鼎元批評說：「婦女衣綺羅，粧珠翠，好遊成俗。」[18]其實愛美是女人的天性，愛出去玩也是本性，現在不出去玩都在家中，還叫人擔心憂鬱上身。當時婦女雖不會紡織，但會刺繡，竟引起清廷保守官員不滿。

## 愛蒙面到處招搖

臺灣婦女除了愛玩、愛漂亮、重打扮外，還愛蒙面到處招搖。

董天工《臺海見聞錄》的〈臺俗・蒙面〉寫：「婦女靚粧入市，無肩輿，以傘蒙面而行，時伸時縮，以窺行人。」蒙面不是真的用布蒙臉，而是用傘遮住臉。婦女外出時打扮很漂亮，不坐轎子，拿著傘蒙面走走停停，有時伸出頭，有時縮著頭來偷看行人。

周鍾瑄《諸羅縣志》與陳文達《臺灣縣志》都有相似記載：「婦人探親，無肩輿，擁傘而行；衣必麗都，飾必華豔。女子之未字者亦然。夫閨門不出，婦人之德宜爾也；今乃豔粧市行。其夫不以為怪，父母兄弟亦恬然安之，俗之所宜亟變也。」[19]官員最無法忍受的是臺灣婦女出門探親時，不乘轎子，撐把傘走在路上，一定打扮得很妖嬌美麗，沒嫁人的漂亮女子也一樣。他們的觀念是婦人要大門不出、二門不邁，躲在家中相夫教子、做紡紗刺繡才是美德。奇怪的是丈夫不管，連父母親、兄弟也覺得沒問題，真是太離譜了，這裡的壞風俗一定要改變，官員沒想到臺灣婦女早期

---

18 藍鼎元〈與吳觀察論治臺灣事宜書・甲辰〉，《平臺紀略》。

19 陳文達《臺灣縣志・輿地志一・風俗》。

是受洋人（荷蘭）所影響。

周鍾瑄《諸羅縣志》更看不慣婦女跑很遠的地方看戲：「演戲，不問晝夜，附近村莊婦女輒駕車往觀，三、五群坐車中，環臺之左右。有至自數十里者，不艷飾不登車，其夫親為之駕。」[20]

婦女很愛看戲，如果家住遠一點就搭牛車去。如果有戲班來演戲，不管三七二十一，非看不可，附近的婦女自駕牛車，三五成群環圍在戲臺左右。住遠一點的就讓丈夫駕駛牛車，最重要的是一定要打扮得漂漂亮亮，否則不上車。

最糟糕的是，婦女不事生產卻愛敗家。《諸羅縣志》甚至說：「又婦女所好，有平時慳吝不捨一文，而演戲則傾囊以助者。」[21]平時很節省，但看戲或對戲班「斗內」，一點都不吝惜。和現在的影迷、歌迷、粉絲團一樣，打工存錢，包車坐高鐵，都要去搶票進場看表演，還要送偶像禮物。

六十七《臺海采風圖考》說婦女：「以傘蒙首而行。傘為雨具，而以障面，雖晴旦及晡後亦擁之，習慣為常，初見亦愕異也。」婦女用傘蒙著頭走路，傘是雨具卻用來遮臉，大白天或傍晚也撐著，剛開始看很奇怪，習慣了就好。

張湄〈蒙面〉：「香車碧幰厭紛紜，擁蓋微行擬鄂君。一隊新妝相掩映，紅蕖葉底避斜曛。」

姐不喜愛搭有綠色車簾的香車，卻愛撐著傘，好像美男子慢慢踱步，一群美女互相遮蔽，在紅蓮花的葉下躲著落日餘暉。

乾隆時，孫霖〈赤嵌竹枝詞〉：「二八嬌娃刺繡工，呼孃習慣便成風。新妝一隊斜曛襯，小蓋相攜面半蒙。（臺邑婦女工刺繡，誕生之日，即呼為某孃。其俗：多靚妝入市，攜小蓋障面，迤里而行，無間晴雨。）」[22]

年輕姑娘刺繡功夫了得，一到生日就稱呼「什麼孃」，成為風氣。無論晴雨，就

20 周鍾瑄《諸羅縣志．風俗志．漢俗．雜俗》卷八。
21 周鍾瑄《諸羅縣志．風俗志．漢俗》卷八。
22 孫霖〈赤嵌竹枝詞〉十首之四。

是帶著傘出遊，打扮得漂漂亮亮。

朱仕玠《小琉球漫誌》：「臺地婦女，好出遊，人執一傘遮蔽；傘率半開，衣袖約闊二、三尺。」乾脆寫一首詩證明：「常時微步踏莓苔，北舍南鄰鎮往回。水麝薰傳羅袖闊，非關寒食踏青來。」23

臺灣姑娘愛出遊，拿著一把半開的傘，還穿寬二、三尺衣袖，耍帥。姑娘們常在青苔上踩著微步，鎮南鎮北來來回回，穿著綾羅衣袖又長又寬闊，而且還香噴噴，不是因為寒食節去踏青，而是太愛玩、四處逛。

劉家謀《海音詩》：「婦女出行，以傘自遮，曰『含蕊傘』；即漳州『文公兜』遺意也。今則闔之如拄杖；然觚不觚，觚哉、觚哉！」24 劉家謀以為臺灣婦女出門撐傘叫含蕊傘，就是因為朱熹是理學家避免婦女拋頭露臉的觀念，在漳州教導婦女用布帛，像帽子戴在頭上叫「文公兜」的遺意。然而，現在撐著傘到處亂玩，就好像拄著拐杖助行，喪失原意，觚不像個觚，還有什麼意思！

他還寫《海音詩》一百首之三十：「張蓋途行禮自持，文公巾帽意猶遺。一開一闔尋常事，不覺民風已暗移。」

婦女坐在車上持守禮節，所以撐著傘，好像以前婦女戴著「文公巾帽」的遺意。一開一闔本來是平常事，不知不覺中，民風卻已偷偷變差。他們都以老學究嚴肅的眼光看婦女，婦女撐傘怎麼會是罪過呢？

朱景英《海東札記》提到「婦女出不乘輿，袨服茜裙，擁傘踅通逵中，略無顧忌」。官員們對婦女出門不乘轎子，卻穿著很華麗的衣服搭配紅裙子，撐著傘走在馬路中，一點都不顧忌的作風感到很火大。

這些來臺官員看原民為番、蠻，看臺灣婦女一定要關在家裡，守三從四德，不准外出。縱使外出也要乘轎，臺灣婦女喜歡走路或駕牛車（那時沒有纏足），官員看來不合禮節，都是野蠻行為，他們應清楚當時臺灣普通百姓流行坐牛車，不是官員的排

---

23 朱仕玠《小琉球漫誌·瀛涯漁唱》卷五。

24 劉家謀《海音詩》一百首之三十。

場就不搭乘轎子，雇轎子費用很貴。他們忘了當時婦女們是物以稀為貴的寶貝，只是想穿著漂亮出去玩，撐著傘要擋太陽或風沙而已，和朱熹那套道德箝制有什麼關係？她們只想活出快樂人生。

## 愛嚼檳榔不紡織

吃檳榔原本是當時原民的習慣，主要是疏解瘴毒之氣。但漢族婦女也食檳榔，這也是仕臺官員眼中的壞習慣。

康熙三十六年，郁永河初到府城，看到每個人都是紅嘴脣，曾描述食用檳榔後的外觀：「獨榦凌霄不作枝，垂垂青子任紛披；摘來還共蔞根嚼，贏得脣間盡染脂。（檳榔無旁枝，亭亭直上，遍體龍鱗，葉同鳳尾。子形似羊棗，土人稱為棗子檳榔。食檳榔者必與蔞根、蠣灰同嚼，否則澀口且辣。食後口脣盡紅。）」[25]

檳榔的枝幹孤立挺直地獨聳入雲霄，沒有旁生的枝幹，一顆顆檳榔子散亂張開，紛紛垂下來，摘下後夾著蔞根、蠣灰咀嚼，每個人都吃到嘴脣紅紅的，好像塗抹上胭脂。

高拱乾《臺灣府志．漢人風俗》形容臺灣是「雕題黑齒之種、斷髮文身之鄉」，臺灣是刺青、黑牙齒的種類，是斷髮紋身的地方，指他們都吃檳榔、黑牙齒，暗指是愛紋身的野蠻人。

康熙五十四年，《諸羅縣志》稱：「男女咀嚼，競紅於一抹；或歲糜數十千，亦無謂矣。」[26]紅嘴脣的檳榔族，一年花許多錢也無所謂。

御史六十七也感嘆：「飽啖檳榔未是貧，無分妍醜盡朱脣。」檳榔當三餐吃，不管美醜都是紅脣族。

朱仕玠《小琉球漫誌》批評：「土人啖檳榔，有日食六、七十錢至百餘錢者，男女皆然；惟臥時不食，覺後即食之，不令口空。食之既久，齒牙焦黑；久則崩脫。男

25 郁永河〈臺灣竹枝詞〉十二首之八。

26 諸羅縣志《風俗志．漢俗．雜俗》卷八。

女年二十餘齒豁者甚眾。」

喜歡吃檳榔的習性，只有躺著才不吃，睡醒馬上吃，不讓口中有空。吃的日子久了，牙齒焦黑且掉落，許多二十多歲的男女牙齒就已掉光。

朱仕玠又說臺地婦女「不解蠶織，惟刺繡為事；檳榔則日不離口」。寫一首詩證明：「淡白輕紅逐隊分，安知蠶織事辛勤。倦拋繡線無餘事，快嚼檳榔勝酒醺。」[27]

臺灣婦女每天像花蝴蝶一樣飛出去玩樂，不懂紡織的事，只在家刺繡，哪知種桑、養蠶、紡織的辛苦，更糟糕的是愛嚼檳榔，滿口通紅，勝過喝酒喝到醉醺醺。

劉家謀還說：「婦女吸生菸、喫檳榔，日夜不斷。若夫夕陽已西、初月欲上，賣花者盈門闌焉。茉莉四時常開，佛桑、含笑、睡香、月來香、鷹爪蘭之類，流香送馥，簇擁烏雲，不惜青蚨一擲也；日費蓋不止杖頭矣。」「煙草檳榔遍幾家，金錢不惜擲泥沙。夕陽門巷香風送，揀得一籃鷹爪花。」[28]

婦女普遍都愛吸菸草、吃檳榔，花在這裡的錢不少，也不覺得可惜。月亮初上，賣花者擠滿屋前欄杆，房前茉莉花香隨風飄送，隨手買一籃香噴噴的鷹爪花，花的錢超過買酒的錢（看來花費很大）。

從抵抗瘴癘之氣變成國民習慣，不管男女都愛食檳榔，變成紅脣缺牙。官員覺得這種習慣不好，要改進。

到了道、咸年間來臺擔任海東書院院長的唐壎，他寫〈虞美人．嘲臺妓〉說歌妓「齒牙春色欠些些，一口扶留小卷，嚼紅霞」。一口檳榔讓牙齒缺乏春色，嘴脣好像咀嚼著紅霞，紅通通。

可見要改變這種習俗很困難，直到現在，還是很多人不顧健康愛吃檳榔。

## 哥走超高調奢華風

現在很流行「精緻窮」這名詞，有些年輕人愛吃喝玩樂，租超跑、買名牌，亂花

27 朱仕玠《小琉球漫誌．瀛涯漁唱》卷五。
28 劉家謀《海音詩》一百首之三三。

錢以致於存不了錢，乾脆當躺平族，或是躲在家當啃老族。

有人問家財萬貫、住豪宅的富人，生活卻過得像窮人一樣，一個錢打二十四個結，省吃儉用，這算是「寒酸富」嗎？

到底哪一類人比較多？

小時候在鄉下常聽到大人們說：「驚跋落屎礐（糞坑），呣驚火燒厝。」這是譏諷那些沒錢卻「愛面子」，重外表擺闊卻家徒四壁的人，只把全身家當穿在身上，怕萬一跌落糞坑，什麼都沒了，因為他們沒有房子，所以不怕家裡失火。

很難想像清領時官吏來臺，他們眼中的臺灣人竟屬於奢華風「精緻窮」、「驚跋落屎礐」的人，最看不慣臺灣人愛穿與身分不搭的美服。

最早寫臺灣人愛面子、愛奢華、愛虛榮、穿美服的是臺廈道高拱乾。

康熙三十三年（一六九四年），高拱乾說臺灣人奢靡成風，喜愛打腫臉充胖子。住山間的人送禮要擺譜裝闊，不送山產；住海邊的人不送海產，一定要挑稀罕物。即使家中沒有多餘積蓄，仍要打扮得美美的才能上場，女子找女婿都是看錢財多寡。

有一雙銳眼的孫元衡看到臺人奢華風，康熙四十七年（一七〇八年），他寫〈田家〉：「朱履荷長鑱（臺俗尚奢，有衣羅衣、著朱履而耘田者）。」臺灣人好奢侈，耕田竟愛穿絲綢，踩著紅靴子，實在看不順眼這種風氣。

又寫〈臺人服多不衷，戲為一絕〉：「天涯風俗漫相親，吳帶曹衣迥不倫。無復屠蘇障兩耳，服妖今已被文身。」

他開玩笑指出臺灣人穿衣不恰當，雖然各地風俗不同，好像吳道子的畫風飄逸像衣帶飄舉，而南北朝的曹仲達畫風好像衣帶緊窄，兩者大不相同。但臺灣人不再戴屠蘇帽來遮蔽雙耳，而奇裝異服會導致天下災禍的「服妖」，已經穿在紋身的番人的身上。

康熙五十六年，《諸羅縣志》說：「臺灣百姓不管地位貴賤，一定穿戴色彩豔麗的衣冠。以穿布的鞋襪為可恥，要穿錦緞製作的鞋子，稍穿壞就丟，連販夫走卒，抬轎跑腿的褲子都要穿紗帛。陳璸治臺時，自己以身作則簡樸得要命，穿素布衣，只吃簡單的一個菜，禁止穿奢華的衣服，刻苦己身，但是臺人虛榮積習太深，不想改變。」[29]

巡臺御史黃叔璥更批判：「臺灣人穿衣完全和身分不搭調，褲子露出衣衫的外面叫『龍擺尾』，襪子不繫帶子叫『鳳點頭』。陽光曝晒下，在田裡做粗重活的農夫，必是汗流浹背，以前都穿黑衣服，但臺灣農夫卻穿絲綢製的衣服。」

雍正年間的夏之芳更擔心臺灣的奢華風，等老了就有罪受，他的〈臺灣紀巡詩〉：「成帷成幙逐飛塵，紈袴多纏輿隸身。慣習淫奢無善俗，少年思怕老來貧。」[30]販夫走卒穿著華麗的衣服，臺民習慣過著奢靡的生活，沒有善良風俗，寧願在少年時多節省、多吃苦，也不願意到老想用錢卻沒有，過著下流老人的生活。

巡臺御史張湄〈衣服〉批評臺灣人的穿著：「鳳頭龍尾好衣裾，錦繡偏諸謝不如。若使賈生來此地，未知流涕更何如。」

臺灣人喜歡穿「龍擺尾」、「鳳點頭」的服飾，衣服鮮豔奪目，花紋色彩繽紛，大概連東晉權傾一時的貴族謝安、謝玄看到都會自嘆弗如；西漢賈誼曾提出改易服色制度，以定君臣地位，如果他來到臺灣，一定會為這裡奢華的穿著問題痛哭流涕。

乾隆十六年二月，任巡臺御史錢琦批評臺灣奢華情形，〈臺灣竹枝詞〉：「一身拖遝龍搖尾，兩足盤跚鳳點頭。不論傭夫與販豎，綺羅各要鬥風流。（衣服不衷，褲露衣外，名曰龍搖尾。襪不繫帶，脫落足面，名曰鳳點頭。雖菜傭輿役悉以此為華美。錦襯相習成風，牢不可破。）」

巡臺御史們幾乎都批評臺灣的奢華風，連菜販和僕役們都一定要打扮華美互相拚場，這種惡劣風氣牢不可破。他們批評臺灣人愛奢華，穿衣不合體統，愛擺闊，虛有其表。以統治者的眼光，當然看不慣你穿得比他們時尚，甚至認為你不配穿絲綢。

以前的臺灣俚語「肚裡無食無人知，身上無衣受人欺」，有沒有吃飯別人可能看不出來，但沒穿上像樣的衣服，別人就會輕視你。就像現代人穿名牌衣物，拿精品包，短視的人就以為他們有錢、有家產，其實很多人開名車大多是空心老倌，為了跑

29 周鍾瑄《諸羅縣志．風俗志．漢俗．雜俗》卷八。

30 夏之芳〈臺灣紀巡詩〉，五十八首之二十三。

銀行借貸，讓人看得起。

## 宴客吃好料

臺灣人不僅穿著被認為太奢華，連飲食都被視為浪費。周鍾瑄《諸羅縣志》：「臺灣人太豪邁，宴客時一定請喝鎮江、惠泉、紹興的高級酒，桌上宴請的山珍海味，隨便擺個酒席都要花上四千。臺灣物價又是世界級高，於是大家互相拚搏，看誰更會花、更膨湃。還要麻煩臺灣分巡兵備道梁文科規定如果不是婚祭大慶，餐桌上不可超過五盤，這是為民節省啊！」[31]

《鳳山縣志》批評說：「臺灣的風俗宴會開設酒席時，花費動不動就像中等人家的財產；連那些當僕役、牧牛羊的人都穿著絲綢的衣服，雖然是賣菜村姑也都化妝打扮、戴珍珠翡翠。男的不耕田而坐享其成，女的不紡織卻穿得美美的。積習不改變，不知會發展到什麼地步？」[32]

雍正二年（一七二四年），藍鼎元批評臺灣人真愛膨風，請客時，每一桌花二兩

五、六錢以上，或三兩、四兩不等，一開筵席就是十桌、九桌，已經花掉中等家庭一、二家的資產，遊手好閒的無賴、賣菜的攤販也要講究穿綾羅，寬長拖地的衣服和錦襪。更可笑的是轎夫裸上半身，卻穿著絲綢的褲子，家中窮瘋了，米缸已經無米，還是要打扮穿高級衣服，沒錢買飯吃還要嚼檳榔，婦女都虛榮重外表，打扮精緻又愛遊蕩，簡直是空心老倌。這種習俗縱使餓死也不改變。」[33]藍鼎元還寫〈臺灣近詠十首，呈巡使黃玉圃先生〉之三：「臺俗敝豪奢，亂後風猶昨。宴會中人產，衣裘貴戚愕；農士弗勤，逐末趨驕惡。囂陵多健訟，空際見樓閣；無賤復無貴，相將事摴博。所當禁制嚴，威信同鋒鍔。勿謂我言迂，中心細忖度！為火莫為水，救時之良藥。」

藍鼎元對臺灣奢華的風俗超不滿，寫詩向黃叔璥說：「臺灣的豪奢是壞的風俗，

31 周鍾瑄《諸羅縣志．風俗志．漢俗．雜俗》卷八。
32 陳文達《鳳山縣志．風土志．漢俗》卷七。
33 藍鼎元〈又論治臺灣事宜書論〉，《平臺紀略》。

朱一貴亂後風氣像以前。設個宴會就花掉中等人家的家產，穿著更像貴戚一樣讓人驚愕。務農的很懶惰，士人不勤快，愈來愈驕惡。人們囂張氣盛，浮而不實，最愛訴訟，時常冒出許多無中生有的訴訟。不論貧富貴賤，全臺兵民皆沉溺賭博。目前應該要嚴格禁止，政府威信要如同鋒利的武器，使人民害怕、服從。臺灣有奢侈、好逸惡勞、健訟、好賭等陋習，目前應該要採取像火一般猛烈的手段來禁止，不能再用如水般柔軟的勸導方式以導正，如此才是匡救時弊的方法。」

巡臺御史六十七〈即事偶成〉二首之二說：「生憎負販猶羅綺，何術民風使大淳。」他看不慣當時臺灣的奢華風尚，就連路旁的小販都穿著華麗綺羅在街頭叫賣，一臉憂心忡忡地說：「有什麼方法能讓臺灣奢華的風氣變為純樸？」

說來說去就是臺人愛穿著華麗的衣服，和身分不符，且太浪費，愛擺排場。清官員心中認為臺灣就是蠻荒之地，看不起不是裸體就是刺青、紋身的人。臺灣人稍微穿好一點，他們也要批判浪費、奢侈，因為他們看不見當時臺灣的富庶。

「臺地舊稱沃壤，民奢侈無節」，土地的肥沃稻米多產，「且洋販之利歸於臺灣，故尚奢侈、競綺麗、重珍旨，彼此相傚」，[34]收入豐厚，所以愛奢侈，但官員覺得被統治者要活得像奴隸才合乎規矩，不配穿絲綢過好日子。

加上他們禮教的觀念，認為婚喪等都要與清朝相同，覺得臺灣人婚喪祭典太重繁文縟節，缺乏真實感，且花太多錢，怕無法承受，希望風氣返璞歸真。這個簡樸風氣是不錯的，但過度就變成儉吝，應該平衡發展，民風才能純樸。[35]

其實我認識許多年長的人都很節省，捨不得吃喝，一條毛巾用許多年，一切省吃儉用，一分一毫攢積起來，一毛錢也捨不得分給窮人，只想把錢、土地留給孩子，害得孩子日後為爭產起糾紛。

穿著花費都應該量力而為，臺灣現在很富裕，哥有錢愛買超跑，愛環遊世界，按時繳稅，應該都沒有官員來管吧！

---

34 黃叔璥《臺海使槎錄·赤崁筆談·習俗》卷二。

35 陳文達《鳳山縣志·風土志·漢俗》卷七。

HISTORY 131

# 咱的臺灣史：詩文中康熙時的島嶼群像

作　者—蘇淑芬
副總編輯—邱憶伶
副主編—陳映儒
封面設計—兒日
內頁設計—張靜怡

董事長—趙政岷
出版者—時報文化出版企業股份有限公司
一〇八〇一九臺北市和平西路三段二四〇號三樓
發行專線—（〇二）二三〇六—六八四二
讀者服務專線—〇八〇〇—二三一—七〇五
（〇二）二三〇四—七一〇三
讀者服務傳真—（〇二）二三〇四—六八五八
郵撥—一九三四四七二四時報文化出版公司
信箱—一〇八九九臺北華江橋郵局第九九信箱

時報悅讀網—http://www.readingtimes.com.tw
電子郵件信箱—newstudy@readingtimes.com.tw
時報悅讀俱樂部—https://www.facebook.com/readingtimes.2
法律顧問—理律法律事務所　陳長文律師、李念祖律師
印　刷—家佑印刷有限公司
初版一刷—二〇二四年六月二十八日
定　價—新臺幣四二〇元
（缺頁或破損的書，請寄回更換）

時報文化出版公司成立於一九七五年，
一九九九年股票上櫃公開發行，二〇〇八年脫離中時集團非屬旺中，
以「尊重智慧與創意的文化事業」為信念。

咱的臺灣史：詩文中康熙時的島嶼群像／蘇淑芬著．-- 初版．-- 臺北市：時報文化出版企業股份有限公司, 2024.06
264 面；14.8×21 公分．--（History；131）
ISBN 978-626-396-448-8（平裝）

1. CST：臺灣史　2. CST：清領時期

733.27　　113008397

ISBN 978-626-396-448-8
Printed in Taiwan